BITCOIN EN ESPAÑOL

GUÍA COMPLETA PARA COMENZAR A GANAR
DINERO CON LAS CRIPTOMONEDAS, DOMINAR
EL TRADING Y ENTENDER LOS CONCEPTOS DEL
BLOCKCHAIN

JAVI FONS

CRYPTOPRENEURS PUBLISHING

ÍNDICE

INTRODUCCIÓN

Primero antes que nada me gustaría darte las gracias por la confianza y por haberme elegido como tu guía para emprender este viaje hacia el mundo de las Criptomonedas. Este libro te ayudara a que domines este mundo y logres obtener una educación financiera excelente a través de la comprensión y el entendimiento a fondo de las Criptomonedas, en resumen iremos de lo más básico a lo mas avanzado.

Estamos conscientes que incursionarse hacia el mundo de las Criptomonedas puede ser tedioso y muy lento, generalmente los pioneros en este tipo de tecnologías son las personas que no tienen ningún problema para generar ingresos pasivos por internet. Así es, efectivamente se puede llegar a cambiar tu vida en un giro de 180 grados, como lo veras más adelante con algunos casos de éxito en los siguientes capítulos.

Esta tecnología llego para quedarse y para darnos a nosotros, las personas comunes y corrientes, más libertad en el ámbito económico y financiero.

Una de las cosas que más me llamo la atención cuando comencé a interesarme por las Criptomonedas allá por el 2011 fue el concepto de libertad al que está relacionado con monedas como Bitcoin, Monero, Dash, Zcash, etc. donde el control de todo el proceso siempre está de la mano del usuario y por ende la privacidad que nos brindan

En este libro te enseñare los diferentes abordajes hacia las Criptomonedas y la tecnología detrás: el Blockchain, porque funciona, cual es el secreto detrás y también vamos a derribar algunos mitos relacionados con algunos conceptos.

El objetivo de este libro es enseñarte a tener una noción más completa y compleja sobre las Criptomonedas, desde los conceptos más básicos como el saber cómo funciona todo, el cómo encajan las piezas a lo más avanzado donde veras y sabrás cuales son las Criptomonedas que más prometen aumentar su valor en este 2018 y 2019 para que obtengas unas buenas ganancias (en los últimos capítulos comparto algunas que prometen mucho)

También me he tomado el tiempo de recomendarte algunos recursos para que puedas comenzar con el pie derecho.

Mi objetivo, también, no es solo educarte sino motivarte también, a dar ese paso que tanto te cuesta y tomar acción, es por esto que quiero pedirte una cosa, no te rindas a lo largo de este libro, sigue al pie de la letra mis consejos, te prometo que al terminar este libro y aplicar paso por paso mis consejos y enseñanzas vas a lograr comprender mejor este mundillo y de acuerdo a tu accionar personal lograr la libertad financiera o también apoyar esta iniciativa que nos da el poder a nosotros los ciudadanos frente al sistema financiero actual que está demasiado manipulado y hace rico a unos pocos.

Sin más preámbulos, ¡vamos a comenzar!

Muchas gracias por adquirir este libro, espero que lo disfrutes así como yo disfrute escribiéndolo.

UN POCO SOBRE MI

Mi nombre es **JAVI FONS**, soy un emprendedor, escritor, entusiasta del fitness, la vida sana, la música y viajero del mundo. Entusiasta de las Criptomonedas desde 2011 cuando comencé a interesarme por ese mundillo. Si te fuese honesto, me siento extremadamente bendecido por la vida que me tocó vivir en este mundo y con las tecnologías que tenemos hoy en día.

Durante más de 7 años me he enfocado en desarrollar varios negocios en internet, los cuales me enseñaron a desarrollar mis propias estrategias y métodos para lograr generar ingresos pasivos. Las Criptomonedas fue uno de ellos y así fue que alcance la libertad financiera.

El propósito de mis libros, que tratan de temas sobre los negocios y auto-ayuda, es principalmente para que sean una fuente de inspiración a modo de generar un cambio en aquellos que no se conforman con lo establecido y saben que pueden dar más, que pueden generar un cambio positivo en sus vidas y llegar a diseñar ese estilo de vida que tanto quieren, e incluso, lograr la tan anhelada libertad financiera tomando **ACCION** y dejar de lado los discursos motivacionales y filosóficos que no te permiten avanzar en tus objetivos.

Espero que mis libros te ayuden para dar ese empujón que te impulse a ayudarte a conseguir y lograr tus objetivos en la vida y los negocios.

¡Suficiente Motivación, es hora de tomar acción!

ALGO A TENER EN CUENTA
ADVERTENCIA

La inversión en mercados financieros como las Criptomonedas y otros activos puede llevar a pérdidas de dinero. El propósito de este libro es solamente educativo y no representa una recomendación de inversión. Proceda con cautela y bajo su propio riesgo y recuerda, nunca inviertas más de lo que estés dispuesto a perder.

Al continuar leyendo este libro aceptas esta Advertencia.

Sin más preámbulos, continuemos.

1

LA VERDAD SOBRE BITCOIN Y LAS CRIPTOMONEDAS

El Bitcoin es tal vez la criptomoneda más sonada en estos días, todo mundo habla de ella. Sin embargo, muy poco gente sabe realmente de qué se trata y es ahí en donde se logra una gran diferencia. Cada vez hay más y más personas interesadas en tenerla porque su valor se ha disparado de maneras impensadas hace unos años, llegando a costar casi $20,000 dólares. Se puede decir entonces que quien poseía unos cuantos Bitcoin comprados en 2010 y los vendió en su máximo histórico en 2017, ya tiene la vida resuelta, y no solo la suya sino también la de las generaciones futuras ya que muchos lograron ser millonarios gracias a esta criptomoneda.

Lo paradójico del tema con el Bitcoin, es precisamente el hecho de que sea tan famoso y realmente existan millones y millones de personas que no tengan la más remota idea acerca de qué se trata. En este libro te expondremos todos los detalles, todo lo que necesitas saber para realmente aprender sobre Bitcoin y así puedas incluso entrar en el maravilloso mundo de los criptoactivos y quien sabe, quizás lograr la libertad financiera que tanto anhelas.

Sabemos que suena complicado, sabemos que muchos de los

términos asociados al Bitcoin son complejos y muy adelantados a la época, porque en su mayoría atienden a toda una terminología informática que pareciera que solo los *geeks* pueden entender. Pero tranquilo, no te dejes abrumar que tenemos grandes noticias para ti. La primera es que no necesitas ser un experto para entender sobre Bitcoin porque para eso es que compraste este libro, estas en buenas manos, y la segunda es que si te adentras en el maravilloso mundo de las Criptomonedas, podrás ganar mucho dinero, pero mucho en realidad, cantidades que seguramente en este momento no podrías ni siquiera imaginar.

Pero ojo, en este libro no trataremos de engañarte diciéndote que todo sucede pronto y así a la rápida, de la noche a la mañana, no, así no es cómo funciona esto. Solo los que aprenden la naturaleza de las Criptomonedas logran sacarle verdadero provecho, así que comencemos por el principio para que te hagas un verdadero conocedor y puedas de verdad llegar a convertirte en todo un experto.

COMENCEMOS CON LO PRIMERO, ¿QUÉ SON LAS CRIPTOMONEDAS?

Demos el primer paso en esta temática, las Criptomonedas son monedas virtuales con las que puedes pagar tanto bienes como servicios de manera virtual, es decir, a través de transacciones electrónicas. En otras palabras para que suene todavía más sencillo: las Criptomonedas son el dinero del futuro, de la nueva era. Gracias a las Criptomonedas ya no será necesario el efectivo sino que ahora podrás pagar lo que sea, desde artículos hasta trabajos hechos por profesionales, todo a través de monedas virtuales, que son la famosas Criptomonedas. En resumen estamos frente a lo que se podría considerar el futuro del dinero tal y como lo conocemos hoy en día. Así como hace muchos años se intercambiaban bienes y se decidió utilizar la moneda, luego los billetes y luego tarjetas de plástico que llamaron tarjetas de crédito, la evolución más lógica va de la mano de las Criptomonedas y es que han llegado para quedarse.

Sabemos que aunque las Criptomonedas son todo un boom a nivel mundial, todavía existen muchos lugares donde las personas no tienen ni siquiera idea de que existen, mucho menos saben qué son ni cómo se usan. Mientras en China, Japón y Estados Unidos, por solo mencionar tres países, ya se han establecido varias Criptomonedas en el mercado y las personas ya están pagando y cobrado a través de ellas. También hay lugares como África y Latinoamérica donde más de la mitad de sus pobladores no la han usado jamás y gran parte de ellos en realidad ni las conoce.

Ese tal vez es tu caso, quizás al igual que la mayoría de las personas, has escuchado hablar de las Criptomonedas pero no tienes idea de qué tratan. Bueno, es por eso que es importante saber un poco de historia y comprender su origen.

La primera criptomoneda que se conoció empezó a operar hace casi una década, por allá en 2009, y desde entonces se le conoce como Bitcoin. Seguramente la has escuchado nombrar porque hoy en día es la más valiosa, su valor se ha disparado aniveles casi inimaginables, pero cuando nació, cuando apenas estaba comenzando a aparecer en el mercado, era tan económica que por cumplir un par de tareas en internet podías ganarte un Bitcoin, de hecho cuando salió al mercado formalmente en Agosto de 2010, 1 Bitcoin (BTC) valía tan solo $0,06 centavos de dólar. Como podrás corroborar en el siguiente enlace: https://www.buybitcoinworldwide.com/price/

Se sabe que el Bitcoin fue creado por **Satoshi Nakamoto**, y decimos que eso es lo que se dice porque ese es apenas un pseudónimo, no el nombre real de quien prefiere o de quienes prefieren resguardar su identidad, no solo para evitar problemas mayores, sino porque la identidad de su creador no tiene mayor relevancia, ya que Bitcoin es como una criatura que una vez creada ya se maneja sola, no la pueden parar. El Bitcoin al igual que todas las Criptomonedas que existen en la actualidad, nació con una serie de ventajas que la diferencian del resto de las monedas que conocemos hoy en día, incluso las de mayor fuera o renombre como el Dólar y el Euro.

En esa época, muchas personas invirtieron, pero en realidad podríamos decir que son pocas en comparación con las que hoy se arrepienten de no haberlo hecho en ese momento. Para aquel entonces no era sencillo apostar por una moneda que no era controlada por ningún banco ni ningún estado, porque eso son las Criptomonedas, monedas virtuales sobre las que ninguna entidad gubernamental o bancaria tiene ningún tipo de control y cuyo valor aumenta o disminuye según su fluctuación en el mercado, es decir, según la dichosa ley de oro de la economía y del libre mercado, esa que dice que las cosas adquieren mayor valor cuando su demanda eleve la oferta, y que disminuirá cuando la oferta supere la demanda. Tan sencillo como eso.

Ahora, ¿Por qué usar Bitcoin o cualquiera de las otras Criptomonedas que existen en el mercado, cuando ya existen varios medios electrónicos para pagar como lo son PayPal, Neteller, Stripe, entre tantos otros? Porque las Criptomonedas no necesitan intermediaros. Para poder pagarle a alguien a través de PayPal necesitas entrar en la plataforma de esa moneda y realizar la transacción, por lo cual te cobrarán una comisión además de que perderás algo de tiempo cumpliendo con todas sus normas y exigencias que a veces llegan a ser muy tediosas.

Con el Bitcoin, al igual que con cualquier otra criptomoneda, te ahorras ese fastidioso paso gracias a que existe la modalidad *peer to peer,* o lo que es lo mismo, de persona a persona. Los únicos que se enterarán de la transacción, serán tú y la otra persona, nadie más. No hay necesidad de involucrar a ninguna otra persona e intermediario.

Te daremos un ejemplo muy puntual con cosas que están muy de moda en el actual mundo de las transacciones electrónicas para que tengas una idea de cómo funcionan las Criptomonedas:

Imagina que tienes una idea de negocio, quieres vender artículos deportivos, pero quieres que se vendan a nivel mundial, quieres que lleguen lejos. Bueno, lo primero que harás será contratar personas para que te creen una página en internet, la llenen de contenido interesante y publiquen tus artículos deportivos para que se vendan a nivel mundial, así cualquier persona en cualquier país, podría entra a tu tienda virtual (que será tu página web) y podrán pagarte por cualquier artículo que le interese, de esos que venderás allí.

Bueno, esos empleados que necesitarás en un principio, solo los necesitarás en un primer momento, para arrancar, luego tu negocio por sí solo podrá funcionar en el maravilloso mundo del internet. Esos empleados que vas a contratar, no son personas que necesites ver en persona, pueden ser freelancers que contrates a través de páginas de trabajo clasificado, así pues puedes terminar contratando un redactor, un traductor, un diseñador de páginas y un diseñador gráfico. Con esos cuatro profesionales podrás crear todo tu negocio web y comenzar a vender tus artículos.

Tantos los artículos que venderás como los honorarios de esos trabajadores freelance, pueden ser pagados con Criptomonedas. Tú les pagas a ellos con esa moneda, y a su vez también esa moneda la recibirás por cada cliente que compre tus artículos deportivos.

Así está empezando a funcionar el mundo, y hacia allá apunta la nueva era de los mercados económicos mundiales, donde ya no harán falta bancos ni plataformas de medios de pago. Tú les pagas a los trabajadores directamente, y tus clientes te pagan a ti de la misma manera. ¿No te parece maravilloso? Así ahorramos toda una fortuna en comisiones casi innecesarias gracias al nacimiento de las Criptomonedas.

A todas estas, también puede que te estés preguntando si el Bitcoin y las Criptomonedas son realmente algo legal. Bueno, resulta que hasta el propio Banco Central se hizo la misma pregunta, y la verdad es que no tienen manera de decir que no lo es. Hay muchos países donde aún no es legal utilizar este tipo de monedas, pero no porque haya ocurrido algún tipo de fraude, sino que por ser moneda que ningún gobierno ni ningún organismo podrán controlar, prefieren no involucrarla en su mercado, lo cual nos hace sospechar que lo que realmente les preocupa es que no tendrán poder sobre ella, pero como ya puede ver las Criptomonedas han venido para quedarse y eso nada ni nadie lo podrá detener cuando se haya instaurado en el mundo entero.

Ahora, como te decíamos hace unas líneas, los *earlyadopters* (como se les llama a las primeras personas que se atreven a invertir en un producto nuevo) de las Criptomonedas hoy en día son millonarios gracias al Bitcoin. Estamos hablando de personas que invirtieron muy poco dinero por unos cuantos e incluso miles de Bitcoin por allá en el 2009 y que hoy poseen una fortuna gracias a ello.

Vamos primero con el ejemplo del joven Noruego, estudiante universitario, Kristoffer Koch, él invirtió aproximadamente un poco menos de $30 dólares en Bitcoin para usarlos como muestra en su defensa de tesis. ¿De qué trataba su tesis? Bueno, de lo que te estamos hablando en este libro, de las Criptomonedas como medio de pago libre e independiente que no necesita intermediarios.

¿Qué sucedió? Que Koch defendió su tesis, se graduó, y se olvidó de sus Bitcoins. Por allá en 2014, cuando se dio cuenta de que el famoso Bitcoin aparecía a cada rato en los titulares de las noticias, fue, recuperó su clave y contraseña, y vio que sus Bitcoins valían una fortuna. Tenía 5.600 BTC, vendió el 80 % y se compró un lujoso apartamento. Hoy en día un solo Bitcoin puede llegar a valer hasta $19.000 dólares, mientras Koch trata de no pensar en eso, porque con lo que se compró un apartamento en 2014, pudiera comprarse todo un edificio hoy en día. Pero de eso se trata, cada quien es libre de hacer con su dinero lo que le parezca. Esa es la belleza de las Criptomonedas, la libertad financiera que tiene quien las posee.

Otro caso muy famoso en los medios de comunicación es el del adolescente Erik Finman, él tenía 12 años cuando su abuela le dio $1.000 dólares como regalo de cumpleaños. ¿Sabes que hizo con ese dinero? Lo invirtió en Bitcoin. Al pasar los años la moneda adquirió el valor que ya te mencionamos y hoy en día, sin ser todavía mayor de edad, Erik es multimillonario. Sin embargo, así como sube, el valor del Bitcoin también puede bajar, y eso es algo de lo que él está consciente, por eso ha ido pensando en vender de a poco si el mercado se deprecia demasiado.

Como ves, no es un asunto de cuento de hadas. El mundo de las Criptomonedas como cualquier otro negocio, tiene sus riesgos. Por eso, es muy importante mantenerse informado y ese es el objetivo que queremos cumplir con este libro, ofrecerte toda la información posible para que conozcas sobre esta nueva era de las Criptomonedas que llegó para quedarse y así puedas sacarle el mayor provecho.

El mercado de las Criptomonedas ha evolucionado tanto que esos casos que te mencionamos son apenas unos pocos aislados, hoy en día hay magnates que viven de mover su dinero en diferentes Criptomonedas, entre ellas el Ethereum, y otras más que te iremos mencionando más adelante, pero el caso es que hasta ahora, aunque muchas han adquirido un valor muy elevado, pocas han llegado tan lejos como el Bitcoin. Lo cierto es que todas esas personas que invirtieron en Bitcoin cuando comenzó, hoy en día son multimillonarios, si es que no fueron tontos y los vendieron antes de tiempo cuando todavía no valían nada.

Si quieres conocer un caso de alguien que fue muy inteligente, te contaremos sobre 50 cent, el famoso rapero que seguramente conocerás de antemano. Resulta que 50 cent sacó un álbum en 2014 donde le permitió a sus fans pagar en Bitcoin cuando lo compraran. ¿Qué sucedió? Que en ese entonces el Bitcoin valía unos 600 dólares y hoy vale entre 6 y 7 cifras.

Como puedes ver, ya no hay manera de que seas un *earlyadopter* porque el Bitcoin se ha disparado a nivel mundial, ya no es algo nuevo sin valor, sino todo lo contrario, se ha vuelto una moneda casi exquisita. Sin embargo, eso no quiere decir que no puedas adquirirla. Todo es cuestión de saber hacer los movimientos adecuados. Hay muchas maneras de obtener Bitcoins en este momento, pero no todo mundo las conoce. Te estaremos hablando de ellas en otros capítulos más adelante, por ahora lo importante es que sepas que existen, que no es mentira, que es un mundo real a pesar de tratarse de monedas virtuales y que así como otras personas se han hecho ricas, a ti también te puede pasar, solo es cuestión de, cómo dijimos al principio de este capítulo, estar lo más informado que se pueda y ser creativo a la hora de hacer tus movimientos financieros, es decir, de saber cuándo y cómo invertir tu dinero en Criptomonedas que luego aumentarán su valor. Allí es donde está el secreto.

Existen muchas razones para entrar en este mundo, y la primera ya te la demostramos, el Bitcoin y las Criptomonedas son reales, existen, no son un engaño y han llegado para quedarse, sin embargo, te daremos algunas otras razones por si aún no estás del todo convencido, aunque creemos que una vez que hayas leído las anécdotas de personas comunes y corrientes que invirtieron en Bitcoin y ahora son multimillonarias, es probable que estés muy interesado en el asunto, seguro que sí.

Sin embargo, además de que vale la pena económicamente, queremos contarte de que las Criptomonedas tiene sistemas informáticos que evitan que las mismas puedan ser falsificadas o robadas, por lo tanto, estamos hablando de un sistema económico confiable.

Otro detalle muy interesante sobre el Bitcoin es que es una moneda que no solo se puede comprar sino que también se puede minar. Este tema de la minería de Bitcoin es un poco complejo más no complicado, por ello no queremos saturarte de información y preferimos prepararte esa información de manera más condensada para que lo entiendas muy fácilmente en un capítulo que está más adelante dentro de este mismo libro.

El anonimato es tal vez otra de las razones por las que puede interesarte el Bitcoin. ¿De qué trata eso? Bueno, resulta que para poder usar esta criptomoneda solo necesitas tener una computadora, descargar el software para Bitcoin y crear tu cuenta. Esa cuenta no necesita tener ninguna información personal tuya, es solo como una especie de casillero para poder enviar y recibir Bitcoin. No necesitas dar tu nombre, no necesitas saber el nombre de otros usuarios, solo necesitas tener una cuenta, y la persona que te pagará en Bitcoin lo hará allí. Lo mismo te sucederá si necesitas pagar algo en esa moneda.

Como ves, la única posible desventaja es que al no ser algo físico no se trata de monedas o billetes tangibles que puedas llevar contigo a la playa y comprarte un helado en la arena, pero si tienes tu casillero virtual y el vendedor de halados también lo tiene, con tan solo hacer una transferencia desde tu celular o laptop, podrás pagarle y él podrá recibir su paga de manera inmediata. Insistimos, es una moneda virtual para cobrar por transferencias y pagar del mismo modo. ¿Acaso no es maravilloso no tener que usar más nunca el efectivo y poder pagar todo con tan solo hacer un clic?

Si todo este tema te parece interesante, te invitamos a que sigas leyendo el resto de los capítulos que hemos redactado en este libro para ti, porque lo hemos hecho para todas las personas que están interesadas en aprender sobre las Criptomonedas a pesar de no saber nada o muy poco sobre ellas.

2

ENTENDIENDO LA CADENA DE BLOQUES (BLOCKCHAIN) Y LAS TRANSACCIONES DE BITCOIN

C omo te comentábamos en el capítulo anterior, las transacciones electrónicas del Bitcoin, al igual que en el resto de las Criptomonedas, suceden de persona a persona, sin intermediarios, lo que en el mundo de las Criptomonedas es conocido como *"peer to peer"*.

Ahora, específicamente para Bitcoin, su creador, Satoshi Nakamoto, ha denominado *Blockchain* o cadena de bloques, a esa interesante y compleja construcción virtual que se va tejiendo mientras las personas van pasando Bitcoins de una cuenta a otra.

Las cadenas de bloques no es más que lo que se va construyendo en la red con cada pago o cobro que se realice de Bitcoin. En un principio el término era utilizado solo para esa criptomoneda, pero ha sido tan exitoso el sistema, que el resto de las Criptomonedas han comenzado a emplearlo y ya hoy en día se hablar de que todas utilizan el sistema de blockchain o cadena de bloques.

Las cadenas de bloques son algo así como un libro de contabilidad, es el registro que existe en la red de cada transacción. Si usted le paga a alguien con Bitcoin o alguna otra criptomoneda como Ethereum, por ejemplo, eso de una vez quedará registrado en la red, lo mismo sucederá cuando esa persona utilice esos Bitcoin para pagarle a alguien más, y así sucesivamente.

Lo interesante de las cadenas de bloques es que son anónimas, usted no necesita decir para qué utilizó esos criptoactivos ni mucho menos dar sus datos reales. Las cadenas de bloques son algo así como un libro contable en el que se puede anotar de todo pero no se puede borrar nada. Es una manera muy ingeniosa de garantizar que no haya trampas ni falsificaciones, Si usted gastó sus Bitcoins, no habrá manera de revertir eso, y si desea recuperarlos no le quedará otra opción que ganárselos trabajando o invirtiendo en ellos, comprando más Bitcoins.

A pesar de que esas transacciones reflejadas como cadenas de bloques son anónimas, eso no significa que sean privadas. Todo mundo puede tener acceso a ellas, incluyendo obviamente a los participantes de las transacciones, quienes automáticamente obtienen una copia certificada para mantener sus registros personales y poder llevar una cuenta de sus activos.

Así es, a pesar de esto parece algo fuera de control, no es así. El hecho de que los bancos ni los gobiernos puedan intervenir en las transacciones de Bitcoin, no significa que estemos hablando de una cosa loca y desordenada. ¿Acaso se te ocurrió que la gente podía pagar $19.000 dólares por algo que alocado y sin sentido? Pues si usted pensó, está muy equivocado.

¿Por qué son necesarias las cadenas de bloques? Pues es bastante obvio, si no existe ningún tipo de control, hace falta un registro confiable que permita que las personas se atrevan a invertir en esta moneda, o a pagar/cobrar en ella, como usted desee llamarle.

Las personas que hacen transacciones con Bitcoin no son personajes rosados de un cuento de hadas en el que todo el mundo confía en todo el mundo porque sí, de hecho se ha conocido de personas que han utilizado este medio de pago para cosas ilegales, pero eso no significa que hayan existido estafas, sino simplemente que no hay manera de rastrear de donde sale el dinero ni para donde va, lo que lo convierte en todo un tema muy interesante para muchos mercados, incluyendo los mercados ilegales.

Las cadenas de bloques permiten que un Bitcoin que ya fue gastado, no pueda ser reutilizado por un mismo usuario. Para eso son las cadenas de bloques, como ya lo dijimos para llevar un registro.

Ahora que ya te hemos hablado de lo que hoy es una realidad, es bueno recordar que en 2008, hace una década, cuando el creador de Bitcoin anunció que está formalizando todo esto que hoy conocemos como cadena de bloques, nadie creía en eso, nadie apostaba por ello, pensaban que se trataba de algún delirio, de una especie de locura, y algunos incluso pensaban que sería un fracaso y hasta se llegó a decir que todo sería un fraude, una estafa.

Hoy, una década después, podemos ver que todo es real. Nosotros en este libro te preguntamos: ¿No te parece que es momento de preguntarte hacia donde apunta todo esto a futuro?

Bueno, resulta que varios informáticos han estudiado las cadenas de bloques y han reconocido que es un sistema magnífico para registrar transacciones, y la mayoría está de acuerdo en que es cuestión de tiempo para que el registro que inventó el creador de Bitcoin se convierta en un sistema que se adapte a todo tipo de mercado para que las transacciones dejen de ser mediadas por bancos, compañías, empresas y demás organismos intermediarios.

En otras palabras, parece que no solo las Criptomonedas, entre ellas el Bitcoin, han llegado para quedarse, sino que además sus sistemas, sus maneras de funcionar son tan geniales, que los otros mercados, los tradicionales, los que ya tienen cientos de años establecidos, terminarán por adoptar sistemas como las cadenas de bloques.

¿Por qué? Podrías preguntar tú, y nosotros te diríamos que la respuesta es obvia y nos sorprende que estés haciendo esa pregunta. ¿Acaso no es fenomenal que exista un registro de transacciones donde no haya que introducir mayor información más que los datos propios de la transacción, donde nadie salga estafado, donde todo quede muy claro, y donde nadie pueda hacer ningún tipo de trampa ni borrar lo que ya se hizo?

Imagina que así fueran todas las transacciones actualmente, imagina que así se pagaría todo, imagina que no necesites tener que introducir tus datos de pasaporte, ni tener que hacer una larga cola en un banco para abrir una cuenta y luego tener que pedirle permiso a ese banco cada vez que quieras usar tu dinero y que sea bien problemático en ocasiones poder obtener datos de lo que has pagado o gastado.

Eso es la cadena de bloques, la solución a todos esos problemas y nosotros desde este libro apostamos a que hacia allá apuntará el mercado en los próximos años.

Por otro lado, para continuar contándote sobre las ventajas de las cadenas de bloques, podemos comentarte sobre la parte financiera, la parte donde se ahorra más gracias a ese sistema novedoso que se inventó con el Bitcoin y que parece que se empezará a utilizar en todas las transacciones en el futuro.

¿De qué se trata eso de que haciendo transferencias por cadenas de bloques se ahorra más? Bueno, al hacerse las transferencias de persona a persona sin ningún banco de por medio, sin ningún tipo de intermediario, automáticamente estamos eliminando un cobrador en la cadena económica, es decir, estamos prescindiendo de un empleado que cobra como dueño.

No diremos nombres. Pero hay bancos, casas de cambio y demás empresas que dan soporte para transacciones electrónicas, que cobran comisiones que pueden ir desde el 7% hasta el 20 % de lo tranzado. Es decir, puedes pagar 100 $ a alguien, y ese alguien si acaso llega a recibir 80, es bastante.

¿Te suena justo? Tal vez el dueño de la compañía diría que sí porque se trata de lo que necesitan cobrar para mantener la plata-forma, pero la verdad es que es un negocio. Nosotros no pensamos que esté mal, pero tampoco creemos que eso sea mejor que las cadenas de bloques.

Con transacciones a través de cadenas de bloques te olvidas de tener que pagar esas costosas comisiones y recibes lo que te enviaron, así como esa persona a la que le estás pagando recibe lo que le enviaste.

Por otro lado, otra ventaja de las cadenas de bloques es que todo está descentralizado, es decir, no hay una sola plataforma o fuente por la cual tener acceso a esa información que hace posible las transferencias de Bitcoin. Si Bitcoin estuviese atada a una red centralizada, bastaría con que esa red tenga una falla para que dejemos de poder transferir en esa criptomoneda.

Para que las transferencias en cadenas de bloques se vean afectadas, tendría que caerse el servicio de internet a nivel mundial, algo que hasta los momentos no ha ocurrido, ni siquiera cuando se habló de aquel tenebroso fenómeno del Y2K que todos sabemos que terminó siendo más un terrorismo mediático que otra cosa.

Ahora, todo este tema de las cadenas de bloques da paso a lo que es la minería de Bitcoin. Resulta que todo el entramado electrónico que se genera en las cadenas de bloques con cada nueva transacción, genera a su vez nuevos códigos, cada uno es único e irrepetible, eso es lo que hace que las transacciones sean justas y seguras, he allí la importancia de este sistema de cadena de bloques que no da lugar a estafas.

Los mineros de Bitcoin son ordenadores que han sido predispuestos a tratar de resolver los algoritmos que se generan en el complejo y enredado mundo de las cadenas de bloques. Ese mundo es complejo si tratas de analizarlo como una persona normal, tratando de entender cómo se organiza todo en ese universo electrónico. Sin embargo, para una persona que solo agrega un bloque, es decir, que solo realiza las transacciones que desea y más nada, pues no hay nada de complicado en el asunto.

Los mineros de Bitcoin buscar resolver esos acertijos porque los creadores de Bitcoin han decidido premiar a quien lo logre. Se hace esto porque de varias maneras pueden contribuir al desarrollo de este tipo de redes y porque hacen aporte que visto desde la óptica informática, son sumamente valiosos.

Sin embargo, no es nada sencillo lograrlo. En un próximo capítulo, más adelante en este libro, te estaremos dando más detalles. Por ahora lo importante es que conozcas que las cadenas de bloques son el sistema por el que se registran todas las transacciones a nivel de Bitcoin, en un medio que es público y anónimo al mismo tiempo, donde prácticamente no existe riesgo de trampas ni estafas y donde todo está muy claro, sin confusiones para los usuarios normales y corrientes como tú que pronto abrirás tu casillero Bitcoin y empezarás a hacer transacciones en esa famosa criptomoneda de la que tanto se habla hoy en día.

3

BITCOIN PARA PRINCIPIANTES ¿POR DÓNDE COMIENZO?

Primero antes que nada me gustaría comentarte que hoy en día existen muchas páginas web en las cuales puedes verificar los precios de todas tus Criptomonedas en tiempo real, una de las más recomendadas en **CoinMarketCap** la cual puedes visitar en el siguiente enlace: https://coinmarketcap.com/

Ahora que ya conoces todas las cosas básicas de Bitcoin, es decir, de qué se trata, cómo comenzó, cuál es su historia, y todos esos detalles interesantes sobre la criptomoneda más famosa en la actualidad, es momento de que empieces a aprender acerca de cómo iniciar en ella, cómo hacer para tener tu propio casillero o billetera de Bitcoin y comenzar a ahorrar en la que es hasta ahora la criptomoneda más segura y confiable en el mercado de los criptoactivos desde hace casi una década ya. Como te comentamos en el capítulo anterior, todo comenzó cuando Satoshi Nakamoto publico el "White paper de Bitcoin" y luego inauguro la página web www.bitcoin.org para hacer conocer el proyecto, que aún hoy en día está en funcionamiento y puedes visitarla. Si te interesa leer el White paper de Bitcoin en español puedes hacerlo en el siguiente enlace:

. . .

VE EL WHITEPAPER DE BITCOIN AQUI:
https://bitcoin.org/files/bitcoin-paper/bitcoin_es_latam.pdf

VOLVIENDO A NUESTRO TEMA, el primer paso es descargar la aplicación de Bitcoin para que puedas hacer uso del Bitcoin per sé. Recuerda que puedes hacerlo tanto en tu computadora como en tu celular. Nosotros particularmente recomendamos que lo hagas en tu celular porque así puedes hacer las transacciones desde el lugar que más lo desees, mientras que si lo haces solo en tu computadora, solo podrás hacerlo desde casa u oficina. Sin embargo, los más osados suelen instalarlo en ambas, y esa es también una opción.

Lo que vas a descargar e instalar en tus equipos, es lo que se conoce como la aplicación cliente, esa que te permitirá avanzar en el mundo del Bitcoin. Es bueno que sepas que funciona con casi cualquier sistema operativo, entre los cuales están Windows, Mac, Linux, entre otros, así que como puedes ver, sirve para los sistemas establecidos en el mercado y también para los que deseen trabajar con software libre o gratuito y lo puedes encontrar aquí: https://bitcoin.org/es/elige-tu-monedero solo debes escoger la versión de Bitcoin Core (la versión oficial) y descargarla seleccionando tu sistema operativo. Por ejemplo esta es la versión para Windows: https://bitcoin.org/es/wallets/desktop/windows/bitcoincore/

Como casi cualquier otra cosa, una vez instalada la aplicación en tu dispositivo, es momento de que crees tú usuario, o lo que en Bitcoin se llama billetera. Ese será un espacio donde podrás monitorear y manipular el dinero que tengas en Bitcoin. Es parecido a tener una cuenta de dinero en un banco, pero no tendrás que esperar días o hasta semanas para abrir una cuenta ni tener que hacer una cola interminable ni tener que suministrar toda esa serie de papeles engorrosos.

Con Bitcoin podrás crear tu propia billetera y empezar a manejar los Bitcoins por ti mismo, de manera directa con los otros usuarios con los que vayas a hacer transacciones. Afortunadamente, Bitcoin es tan genial que te ofrece varias opciones para que elijas la que más de adapte a tus gustos y necesidades.

Puedes instalar algunas de las billeteras básicas, esas que se descargan muy fácilmente, como lo son: **Bitcoin QT, Armory Y Multibit.** Cualquiera de las tres billeteras que te acabamos de mencionar son programas para ser instalados en computadoras.

Si por otro lado prefieres instalar alguna de las billeteras que son para trabajar online, es decir, para hacer tus transacciones de manera directa desde internet, también existen opciones que son para complacer esos gustos, como perfectamente pueden serlo: **Blockchain, Coinbase, coinjar y coinpunk.**

El único detalle por el que podríamos recomendarte una de instalación fija en vez de una para trabajar en línea, es que las primeras suelen ser más seguras, pero sabemos que las billeteras online suelen ser las preferidas por los usuarios porque son más fáciles y sencillas de usar, por lo que terminan resultando más amigables.

Bien, una vez que hayas decidido cuál modalidad usar, es momento de entrar en acción y llevar a cabo el paso más importante, el de por fin poner a funcionar tu billetera.

Yo personalmente en mi móvil utilizo la aplicación de www. bitcoin.com la cual puedes descargar desde el Apple Store si es que tienes iPhone o del Play Store si es que posees un móvil con Android. En el siguiente enlace encontraras las wallets que nos ofrecen los de Bitcoin.com:

https://wallet.bitcoin.com/

No confundir www.bitcoin.org con www.bitcoin.com la primera página web es la creada en el 2009 por Satoshi Nakamoto y la segunda por el fundador Roger Ver, ambas son opciones confiables, aunque la de Bitcoin.com ofrece portabilidad, la versión de Bitcoin.org es más compleja de configurar ya que necesitas más conocimientos informáticos.

A continuación te describimos paso por paso cómo crear tu billetera y ponerla a funcionar de inmediato para que puedas recibir y guardar tus Bitcoins de manera fácil, sencilla, cómoda, y sobre todo, muy segura:

La forma más usual o la que muchos recomiendan, es creando una Cold Wallet, o lo que en español sería una billetera fría. Este es uno de los métodos más utilizados por la mayoría de los usuarios porque es muy sencillo y de todos los que existen, parece ser el más seguro.

Para crear una Cold Wallet, los pasos son los siguientes:

Primero debes crear tu clave privada, recuerda que si bien no hay mayores requisitos para crear cuentas en Bitcoin, es importante que tu cuenta sea tuya, privada, y por ello debes crear una clave de seguridad que se te haga muy fácil recordar pero que solo tú puedas reconocer. Una clave que no puedas olvidar pero que al mismo tiempo nadie más pueda adivinar. Nadie quiere andar por la vida creyendo que tiene sus Bitcoins bien asegurados para luego una mañana descubrir que alguien más supo la clave, tuvo acceso, y se los llevó.

La manera de generar la clave es entrando a la página de direcciones de Bitcoin, es decir, bitaddress.org, y allí le darás clic a la opción de activar la aleatoriedad. Este paso es obligatorio pero es a la vez muy sencillo, solo debes colocar el cursor sobre esa opción y esperar que alcance la totalidad requerida, es decir, que llegue al 100 %que se requiere para ello. Lo notarás a través de una pequeña barra que se irá cargando en tu pantalla que a la vez te anunciará cuando haya llegado al número exacto de 100 %.

La Cold Wallet, una vez que generas la aleatoriedad en el paso anterior, te arrojará dos claves, una privada y una pública. Con tan solo ver eso ya puedes guardar tus datos, reservar esa clave en algún lugar secreto, y con eso puedes empezar. Sin embargo, sabemos que existen personas que necesitan o prefieren tener algo en físico, algo que puedan ver, que les certifique el paso que han dado. Para esas personas existe el Paper Wallet, que es una especie de hoja que certifica el paso dado y que puedes obtener solo con dar clic en la opción superior del menú una vez creada la Cold Wallet.

¿Verdad que ha sido bastante sencillo? Demasiado, creemos nosotros. Como ya te dijimos antes, crear una billetera de Bitcoin es algo demasiado fácil y sencillo y al mismo tiempo una cosa súper segura de manejar tus Bitcoins, a no ser que andes regalando tu contraseña, es decir, esa clave privada, secreta, que Bitcoin te otorga una vez que creas tu billetera.

Siempre que realices transacciones puedes verificar si se han hecho en la página de www.Blockchain.com/explorer solo debes ingresar el número de transacción.

¿CÓMO PUEDES MANTENER TU CUENTA SEGURA?

HAY una cosa que si puedes compartir con quien quieras y esta es tu dirección de billetera (o wallet) Bitcoin, puedes colocarla en tu perfil privado, en tus redes sociales, en tu TL de Twitter o en tu muro de Facebook. La dirección de tu billetera es pública y puedes compartirla con quien desees, total, igual deberás hacerlo al momento de hacer algún tipo de transacción con cualquier otro usuario.

Lo que nunca debes hacer si no quieres pecar de incauto, es compartir tu clave secreta. El propio nombre lo dice, es secreta, privada, solo tuya. No debes compartirla con nadie. Creemos que es bastante obvio pero no está de más hacer énfasis en ello. Cualquiera que posea tu clave secreta (también conocida en inglés como SEED, posee tus Bitcoins).

Bien, una vez que has configurado todo, es momento de empezar a tener Bitcoin, y tú te estarás preguntando cómo comenzar a tener esa famoso criptomoneda en tu billetera. Bueno, lo primero que puedes hacer es irte al método directo de comprarle Bitcoin a cualquier persona cualquier usuario que esté vendiendo Bitcoin.

Recuerda que gracias al peer to peer y a las cadenas de bloques, puedes comprar y vender Bitcoin de manera directa sin necesidad del más mínimo intermediario y sin tener que pagar un centavo en comisiones.

Por ejemplo puedes comprar Bitcoins en esta página web confiable sin ningún problema:

. . .

V E a CoinBase y compra Bitcoins Aqui:

El detalle es que para el momento en que este libro está siendo publicado, el Bitcoin se encuentra en uno de sus mejores momentos. Ya no es como en 2009 cuando la Bitcoin apenas comenzaba. Ahora, justo ahora, Bitcoin se encuentra en un valor bastante alto, por lo que no será mucho lo que puedas comprar si no tienes mucho dinero. Sin embargo, igual te explicaremos como se hace por si te interesa, quieres y puedes comprar Bitcoin, que es tal vez la forma más rápida y directa de tener esa criptomoneda en tu billetera.

Es importante que sepas que una vez que has descargado la aplicación para crear tu monedero, debes descargar otra adicional que deberás sincronizar con tu cuenta. Esta nueva aplicación es la que te permitirá poder realizar las transacciones, es decir, estamos hablando de una nueva aplicación solo para poder agregar bloques. Recuerda que como ya te explicamos en capítulos anteriores, las transacciones entre usuarios de Bitcoin se registran en una especie de libro contable público y gigantesco llamado cadena de bloques, y cada nueva transacción es un nuevo bloque codificado, único e irrepetible que se va agregando a esa cadena de bloques.

Para tú poder agregar un nuevo bloque a la cadena, es decir, para tú poder realizar una nueva transacción, lo que debes hacer es descargar la app para ello y seguir las instrucciones que te aparecerán en pantalla. Una vez que has seguido todos los pasos, solo debes agregar tanto tu clave pública como tu clave privada, y listo, podrás comprar y vender Bitcoin desde tu celular, tu laptop o cualquier ordenador donde lo desees.

Como sabemos que en este momento el Bitcoin tiene un valor elevado, te recomendamos que compré una cantidad mínima, algo fraccionado. Una de las ventajas es que no es necesario que compres o pagues por un Bitcoin completo, puedes comprar una fracción mínima en decimales, y como estás comenzando, nuestra sugerencia es que esa fracción sea realmente mínima, al menos hasta que te familiarices con esto y ya te vayas sintiendo realmente cómodo con el tema d comprar y vender Bitcoins.

Así como puedes comprar Bitcoins, también puedes venderlos. Esta es una de las formas más usuales en las que las personas se mantienen realizando transacciones de Bitcoin. Con la Cold Wallet puedes manejar altas cantidades de Bitcoin, nosotros te recomendamos comenzar con cantidades pequeñas por las razones que ya te expusimos, pero no tienes por qué limitarte una vez que has cogido el hilo al asunto y has dado ene cavo y sabes cómo operar y realzar transacciones, si decides que quieres comprar más y más.

Si deseas guardar tus Bitcoins en otra cosa que no sea una billetera, tienes la opción de las páginas de Exchange, pro nosotros particularmente no lo recomendamos. Las páginas de Exchange son una excelente opción a la hora de vender tus Bitcoins si no deseas lidiar o buscar por ti mismo un comprador. El detalle con esos espacios es que operan igual que un banco, hacen el trabajo por ti, ellos buscan el comprador, pero al mismo tiempo obviamente te cobrarán una comisión por ello y pues habrá perdido la gracia esto de las cadenas de bloques porque estarías recurriendo a un intermediario. No está mal para comenzar, pero te queremos contar que hoy en día existen muchísimos foros donde reúnen en internet compradores y vendedores de Bitcoin, por lo que quizás no se te haga demasiado difícil encontrar un comprador o vendedor, sea cual sea el caso de lo que estés buscando.

Si no quieres acceder a esos foros por temor a fraude, te recordamos que las cadenas de bloques son extremadamente seguras, y mientras no reveles tu clave privada, es casi imposible que seas víctima de algún tipo de robo. Es decir, nadie está exento de estafas en casi ninguna lado, pero tendrías que ser de verdad demasiado descuidado para que algo así te suceda a través de las cadenas de bloques, porque no se trataría de ser víctima de un hacer o de algún tipo de software o programa por el que te roben el dinero, sino que serpia que pecarías de excesc de confianza, y con eso no hay sistema de seguridad que valga. En otras palabras, ya todo dependería de ti si te dejas estafar de esa manera.

Por otro lado, como te decíamos al principio de este capítulo, también existen las carteras calientes, que son las que aparecen ya en línea, es decir, aquellas para las que no necesitas descargar mayor cosa para poder usarlas. Nosotros no recomendamos mucho ese tipo de billeteras porque al ser carteras calientes que ya están conectadas, son espacios donde deberás suministrar tus datos, es decir, tus claves, a cada rato, y sabemos las desventajas de eso. Es decir, preferimos recomendarte las billeteras frías porque son mucho más seguras.

En otras palabras, ambas billeteras pueden ser seguras, pero a la hora de hacer una comparación para elegir una u otra, termina ganando la billetera fría. Ahora, falta hablarte de las billeteras o carteras que están en la nube.

Al igual que las billeteras o carteras calientes, no necesitas descargar nada y puedes usarlo de manera muy fácil y sencilla, pero nosotros seguimos recomendándote las billeteras que se descargan por la privacidad que ofrecen.

Por último respecto al tema de las billeteras queremos hablarte de lo que es tal vez lo más novedoso: las billeteras para celulares inteligentes que traen incorporado un Exchange. Sí, como lo has leído, descargas la app en tu celular y de inmediato ya tienes cómo hacer trading, es decir, cómo comprar y vender tus Bitcoins. Todo desde tu celular. Nosotros ya te hemos dicho que no recomendamos mucho esta opción por el tema de las comisiones, es decir, para evitar la figura del intermediario, pero debemos admitir que es demasiado cómoda esa opción de que desde u celular, desde una misma aplicación, puedas hacer todo de inmediato. Así que esa comodidad y facilidad obviamente ha de tener un precio, y si tu estas dispuesto a pagarlo, ¿Quiénes somos nosotros para impedirlo?

Como ya te hemos mostrado las diferentes opciones que existen, te mostraremos algunos ejemplos puntuales de las diferentes billeteras que puedes utilizar. Es decir, ya te dijimos los tipos de billeteras que existen, ahora te daremos ejemplos específicos de las diferentes marcas que existen en el mercado, los diferentes portales a los que puedes acceder según sea tu caso:

Para billeteras calientes u online:

Blockchain es un ejemplo bastante interesante porque además de ser caliente, es decir, de estar en línea de inmediato, también ofrece una versión para celulares, así que si quieres hacer todo desde tu Smartphone, esta es una opción interesante.

CoinBase es tal vez la más famosa y que puedes ver en el siguiente enlace:

COMPRA BITCOINS EN COINBASE AQUI:

COMO SABES YA la hemos mencionado hace algunos párrafos, y es sin duda la que más usuarios tiene porque es la más segura y confiable actualmente. Esta billetera en caliente tiene la particularidad de que está abierto para todo el mundo como monedero, es decir, como un espacio para guardar tus Bitcoins. Sin embargo, si deseas vender Bitcoins desde esta App, puedes hacerlo, pero solo es válido para Estados Unidos y toda Europa, por ahora, aunque se rumora que la compañía que la lanzó tiene fuertes intenciones de ampliar esta opción para que así como el mundo entero puede usarla de monedero para guardar el dinero virtual, es decir los Bitcoins, también puedan hacerlo a la hora de realizar trading de Bitcoin, es decir de venderlos.

Elektrum es el más rápido que hay en el mercado, porque no te vamos a mentir, descargar monederos en tu laptop o computadora de escritorio suele ser un poco tedioso porque la mayoría te llevan a tener que descargar una cadena de bloques completa. En esta opción, no es necesario tener que descargar algo tan pesado, y por ende se convierte en la mejor opción si no tienes mucho espacio de almacenamiento, o si simplemente no tienes paciencia para esperar una descarga tan pesada.

CarbonWallet no es muy conocida, pero tiene la parte interesante de ofrecer acceso al escritorio una vez que la instales en tu PC sin necesidad de estar conectado a internet. La recomendamos para quienes no siempre tengan acceso a internet y deseen trabajar desde la computadora.

Strongcoin es tal vez e los más populares cuando de monederos o carteras híbridas se trata. Una cartera híbrida es aquella que te permite conectarte online o trabajar por su propia aplicación y esta aplicación en específico es un perfecto ejemplo de cómo se puede tener lo mejor de ambos mundos.

Para quienes prefieren instalar algo propio en su computadora de escritorio o computadora portátil, también hay opciones interesantes, como bien lo describimos en este artículo. Es hora de recomendarte los que existen en el mercado, dándote una visión un poco crítica pero objetiva para que de algún modo podamos ofrecerte luces a la hora de elegir uno u otro:

Bitcoin-qt es tal vez la mejor o más famosa de las opciones para computadoras, pero como te explicamos en el punto anterior, tiene la desventaja de que obligatoriamente necesitas descargar una cadena de bloques completa. Sin embargo, el sacrificio o fastidio vale la pena porque una vez que descargas todo eso tendrás acceso a bases de datos directas que Bitcoin, es decir, si amas Bitcoin, si quieres tener lo mejor de Bitcoin, esta es la mejor opción porque además de todo eso te da acceso directo a realizar transacciones directas peer to peer, es decir, a través del sistema de cadenas de bloques.

Armory es un monedero para el que necesitas primero instalar el anterior, es decir, el Bitcoin-qt. Si con ese otro tienes lo mejor de Bitcoin, con este lo llevas al nivel más elevado, porque esta opción es más para usuarios minuciosos que desean aumenta su nivel de seguridad. No es que haya sucedido nada malo con la función básica original, sino que simplemente hay usuarios que son un poco más exigentes, y Bitcoin ha decidido lanzar esto para ellos, los más exquisitos cuando de seguridad se trata.

Hive es una de las opciones más nuevas, es exclusiva de Mac y te conecta directamente con la app store para tratar con comerciantes de Bitcoins. O sea, si eres usuario de Mac y quieres tener lo más novedoso y practico que ellos han sacado al mercado para Bitcoin, este es para ti, aunque no sabemos qué tal se desarrolle, pues para el momento de escribir este libro, esa función aún estaba en proceso de evolución, o período de prueba, como quieran llamarle a la etapa Beta.

Dark Wallet es una versión que también está en periodo de prueba, y su mayor particularidad es que ofrece privacidad extrema. Es decir, no solo te da el anonimato normal que de por sí ya ofrecen las cadenas de bloques, sino que incluso permite que sea imposible rastrear la dirección del usuario. Perfecto, por ahora, para todos los que sean bastante quisquillosos con querer mantenerse ocultos de toda clase de rastreadores. Algunos usuarios han reportado interés en él para resguardar su identidad dado el caso de que son usuarios que mueven muy altas cantidades de Bitcoin y no quisieran poner en riesgo su seguridad física y no solo la de su cuenta en Bitcoin.

Multibit es ideal para quienes no deseen descargar de manera obligatoria toda una cadena de bloques, pues con esta opción solo descargas la cabecera y así puedes realizar tus t5ransacciones, solo que obviamente no tendrás mucho acceso a otras cosas, pero está bien para quienes quieran ir directo al grano, además de que funciona con todos los sistemas operativos, lo que la ha vuelo bastante popular en los últimos años.

POR ÚLTIMO, te traemos las recomendaciones cuando se trata de teléfonos móviles:

BitcoinWallet es hasta ahora el más famoso y el más exitoso de las opciones que existen para Android y es online. Así que si deseas algo más descargable y menos en línea, esta no es necesariamente la mejor opción para ti, aunque como ya ves, es el más descargado para smartphones. La descargas de aquí: https://wallet.bitcoin.com/

Copay es la opción que permite usar los números celulares como dirección pública de Bitcoin. Si eres una persona que le gusta sincronizar con google y tener todo registrado desde la base de datos de contactos del celular, esta opción es ideal y perfecta para ti.

Micellium es de los mismos creadores de Bitcoinwallet pero es más como una especie de complemento. Aún está en periodo de prueba en alguna de sus funciones aunque hay usuarios que aseguran que no necesitan comprobar nada y que es lo mejor que ha salido al mercado.

Bien, ya que te hemos mostrado nuestras recomendaciones de la forma más breve posible par ayudarte a tomar decisiones a la hora de abrir una billetera en Bitcoin, es bueno que conozcas el lado oscuro, el mundo de las estafas que han existido en Bitcoin.

Contrario a lo que puedas pensar, no se trata de que te hayamos mentido, pues Bitcoin con su sistema de cadenas de bloques de verdad ofrece una manera muy segura de realizar transacciones donde prácticamente todas sus transacciones son seguras y confiables desde el punto de vista electrónico, ofreciendo además un anonimato interesante que resguarda tu identidad para evitar otro tipo de crímenes y delitos.

Resulta que las mayores estafas que han sucedido en Bitcoin, han sido realmente por un tema de ignorancia de parte de los usuarios, y a continuación te mostraremos los ejemplos de los casos más sonados a nivel mundial:

Precisamente por la seguridad y el anonimato que brindan los sistemas de transacciones en Bitcoin, en Australia unos estafadores que se hacen pasar por empresas recaudadoras de impuestos, han logrado robar hasta los momentos miles de dólares. ¿Cómo lo hacen? Pues engañan a las personas haciéndoles creer que tienen una deuda que deben pagar, y les ofrecen la facilidad de hacerlo a través de Bitcoin. Las personas resultan estafadas, terminan enviando Bitcoin a cuentas que luego muy difícilmente podrás ser rastreadas, y luego pierden su dinero de manera impune porque no hay manera de dar con el paradero de ese dinero.

Otra criptomoneda que opera de manera muy parecida Bitcoin, como lo es Ethereum, ha registrado casi 700 estafas hasta la fecha, y todas de la misma manera en la que han estafado a personas con Bitcoin.

Estas estafas se dan gracias precisamente a la facilidad que ofrece el hecho de pagar en criptomoneda. Te engañan, te hacen creer que debes realizar un pago obligatorio muy engorroso y luego te ofrecen una alternativa cómo con incluso descuentos por rapidez. Si estás convencido de que debes pagar algo costoso de un modo muy fastidioso, no sería raro que aceptes la primera oferta en la que te rebajen los costos de esa deuda y además te faciliten los medios para hacerlo.

¿Dónde está realmente la estafa? En creer que en serio debes realizar esos pagos. Como pueden ver, Bitcoin y las Criptomonedas en general se prestan para este tipo de cosas, pero como bien hemos sostenido a lo largo de este capítulo en este libro, si pecas de incauto o ignorante, no es mucho lo que podamos hacer por ti, es por ello que creamos este libro con la mejor de las intenciones para mantenerte lo mayormente informado posible y así no solo evites este tipo de problemas sino que puedas sacarle el mayor provecho real al Bitcoin, sea cual sea la manera en la que decidas operar.

4

¿DÓNDE COMPRAR BITCOIN?

En el capítulo anterior hicimos mucho énfasis en que no te recomendábamos las páginas de Exchange para abrir un monedero, insistiendo además en que lo más recomendable al momento de abrir una cuenta para hacer trading de Bitcoin, era que descargaras una aplicación en tu computadora, Tablet, laptop o incluso celular, o sino trabajaras desde los espacios online que también te ofrecen esos servicios.

Sin embargo, eso era con lo referido a la hora de crear tú monedero o billetera, es decir, de crear ese espacio para poder tener acceso al Bitcoin. Cuando se trata del espacio donde buscar vendedores de Bitcoin, el asunto puede ser distinto, especialmente si eres un novato y no conoces a nadie en el medio del trading de Bitcoin, porque sabemos que esto de la compra y venta de Bitcoin es todo un mercado gigantesco con el que quizás no te sientas familiarizado aún, sobre todo si eres principiante, y no está mal, de primer momento, acudir a las plataformas que nos facilitan las cosas, a pesar de tener que lidiar con comisiones de intermediarios.

A continuación te detallamos los sitios donde puedes comprar Bitcoin, así como sus respectivas tasas de comisiones para que puedas

estar enterado de cuánto debes pagar adicional a la compra de cada
Bitcoin, para que esto no te tome por sorpresa y luego no creas que
estés siendo estafado. Si vas a estos lugares y vendes Bitcoin, no
vengas luego a decir que no te advertimos que tenías que pagar una
comisión adicional.

1. Coinbase

Es la más famosa, nadie podrá negarlo. Es una plataforma que te
permite usar tarjetas de crédito o débito para cambiar tus euros o
dólares por Bitcoins a una tasa impuesta por ellos y con una comisión
que ellos también imponen. **Puedes comprar Bitcoin y otras Criptomonedas aquí:**

Esta plataforma para comprar Bitcoins ofrece muchas facilidades
como la antes mencionada, además de que tiene soporte para más de
30 países en el mundo entero, y hasta la fecha ha logrado que se haya
hecho trading en su web de más de 20.000.000.000 de dólares que
han terminado invertidos en Bitcoin. Razones de sobra para conside-
rarla una plataforma bastante confiable, además de que hasta la
fecha nadie ha reportado una estafa por parte de esa compañía de
venta de Bitcoin.

Esta plataforma tiene muchísimos medios de pago, funciona desde 2012 en Estados Unidos y va ganando cada vez más seguidores porque ya no vende solo Bitcoin sino que además ha agregado otras Criptomonedas que no son tan populares como Bitcoin pero que igual representan una alternativa para muchas perdonas a nivel mundial, como el Ethereum, entre otras Criptomonedas.

Por si todas esas bondades fueran poco, esta plataforma ofrece un servicio gratito de monedero, aunque como ya sabes, siempre te recomendaremos que uses tu propio monedero personal. Sin embargo, no deja de sr atractiva la idea de tener todo dentro de una misma página, y si lo piensas, tiene mucha lógica querer poder hacer todo abriendo una sola pestaña en el navegador. }

Si te gusta esta plataforma, debemos también decirte que ofrece un monedero o billetera virtual gratuito para teléfonos celulares, solo debes descargarlo sin costo alguno, después de todo, les conviene engancharte, así que te ofrecen esa facilidad.

Pero no todo es tan perfecto, pues como ya te hemos explicado, este tipo de sitios cobran comisión, y esta plataforma, no es la excepción. Además de que cobran algo, tienen la tasa más alta, es decir, son la que más dinero te quita por cada transacción. Sus políticas explican que cobran el 1% de cada transacción que hagas, pero la verdad es que tienen una serie de normas internas que llevan incluso a que tengas que pagar realmente casi el 4 % al final del cuento.

1. CEX.IO

Es otra plataforma bastante antigua, incluso podríamos decir que tiene más tiempo en el mercado del Bitcoin que la plataforma anterior, a pesar de que ella es hoy en día más famosa. Sin embargo, esta plataforma que te presentamos en este momento tiene también una muy buena cartera de clientes, cada vez son millones y millones los usuarios registrados en ella y además tiene una excelente reputación, permitiendo poder comprar Bitcoins en ella a través de Euros y Dólares. Puedes visitarla y comprar Criptomonedas en el siguiente enlace:

· · ·

Visita **CEX.IO y ve los precios aquí:**

   Esta plataforma te permite utilizar tus propia billetera en frío, funciona para todos los países del mundo, excepto Vietnam. Es una plataforma con una gran reputación donde nadie ha registrado ningún tipo de estafa, es la preferida por muchos porque es la más fácil de usar, ya que para comprar Bitcoins en ella, básicamente solo necesitas hacer varios clics, y sus comisiones son más bajas que las de la competencia, siendo siempre bastante variada según los diferentes casos, pero jamás llega al 3 %, incluso muy pocas veces llega a la mitad de eso.

i. LocalBitcoins

   Fue creada en 2012, casi 23 años después de que surgiera el Bitcoin. Esta es una plataforma interesante aunque no es muy reco-mendada para principiantes, es más para personas que sin necesidad de s realmente todos unos expertos, por lo menos dominen lo básico del mercado de las Criptomonedas, especialmente Bitcoin. Puedes ver la página web aquí:

Visita **LocalBitcoins y ve los precios aquí:**

https://localbitcoins.com/es/?ch=x5bv

BÁSICAMENTE ESTA ES la mejor plataforma para poder hacer uso de
una de las máximas ventajas del Bitcoin, como lo son las transacciones Peer to peer, o P2P como también se les llama. El creador de
esta plataforma la abrió con la intención de que no se usen intermediarios y no se paguen comisiones, por lo que una vez que decidas
comprar Bitcoins en ella, no deberías pagar nada extra, pero como te
dijimos hace apenas unas pocas líneas, si eres principiante se te
puede hacer un poco confuso, además de que debes lidiar con lo
típico de un mercado abierto donde no todo el mundo tiene las
mismas tarifas y no todos los vendedores son igual de profesionales.

Sin embargo, al igual que el resto de las plataformas, opera en
casi todos los países y permite la utilización de monedas de pago
tradicional como el dólar y el Euro.

1. Coinmama

Fue fundada en 2013 y es desde entonces una de las plataformas
más utilizadas, aunque no le gana a las que te hemos mencionado
anteriormente, por diversas razones, sin embargo, eso no es motivo
para desconfiar de ella, es solo que posee unas pequeñas limitaciones
que las otras no, además de que no tiene tanta fama y popularidad, y
sabemos que eso no es necesariamente un indicador de baja calidad,
es solo un tema de mercadeo y propaganda en el que no puede
competir con otras mucho más grande en ese sentido. Visítala en el
siguiente enlace:

VISITA COINMAMA y ve los precios aquí:
   http://go.coinmama.com/visit/?bta=54429&nci=5360

· · ·

Esta plataforma ofrece mayor seguridad que el resto porque realmente no le estás comprando Bitcoin a ningún usuario. De hecho, esta plataforma no permite vender ni comprar Bitcoin entre usuarios, sino que la plataforma misma, es decir, la propia compañía es quien te los vende y quien te los compra. En pocas palabras, esta compañía ha creado un espacio para centralizar la compra y venta de Bitcoin, y si no tienes problemas con eso, pues te la presentamos como una alternativa muy viable a la hora de comprar Bitcoin con tarjeta de Crédito o débito o incluso desde Western Union para quienes tengan o deseen pagar sus Bitcoins desde ese medio de pago.

La baja popularidad de esta plataforma en comparación con las otras se basa en parte en que pueden llegar a cobrarte una comisión muy baja, pero si Comoras Bitcoin o Ethereum con tarjeta de Crédito, te pueden llegar a quitar hasta el 6 % de la cantidad que vendas o compres en las transacciones, que a su vez son limitadas a máximo 5.000 dólares por día y 20.000 mensuales, en cuanto al valor de Bitcoin.

Por su parte, una de las ventajas es que acepta casi cualquier tipo de tarjeta de crédito, lo que la hace atractiva para algunos países que suelen presentar dificultades con sus plataformas en ese tipo de tarjetas, así como también está comprobado que es la plataforma donde puedes comprar de la manera más rápida los Bitcoins a través de tarjetas de crédito. Algunos dirían que sería obvio, dadas las altas comisiones, pero como ya te hemos dicho antes, nosotros creemos que los beneficios y las comodidades tienen un precio y uno decide si lo paga o se va por otra alternativa.

1. Changelly

Es tal vez una de las plataformas más modernas a la hora de comprar Bitcoin. Existe desde hace apenas un par de años, opera en casi cualquier país del mundo, con excepciones en países donde de verdad la plataforma de internet es casi nula.

Esta plataforma inicialmente se creó para comprar Criptomonedas a través de las propias Criptomonedas, es decir, para cambiar

Bitcoins por Ethereum, por ejemplo. Sin embargo, igual ofrece a la alternativa de comprar Bitcoin a través de monedas tradicionales como dólares y Euros, además de aceptar medios de pagos electrónicos como PayPal, neteller, entre otros. Posee una comisión baja en comparación con otras plataformas, las cuales apenas llegan al 0,5 %. El tiempo que tarda una transacción es muy variado y puede considerable razonable, pero no alcanza los niveles de rapidez de otras plataformas consagradas desde hace muchos más años de todas maneras es muy confiable. Puedes visitarla aquí y comenzar a comprar:

Visita Changelly y ve los precios aquí:
https://changelly.com/?ref_id=00jm7e0130ftnyw2

Su sede principal está en Praga, pero es totalmente globalizada, al punto que puede operar con cualquier sistema operativo, incluyendo Android, entre otros. Es recomendada a pesar de ser tan nueva, especialmente por lo muy bien organizada que es y lo muy bien distribuida que muestra la información en su interfaz. Está llamada a superar a las otras plataformas si continúa mejorando. Solo el tiempo lo dirá.

Una última ventaja que queremos agregar es que no necesitas registrarte ni crear ninguna cuenta. Solo das los datos básicos, es decir, dices qué cantidad de Bitcoin deseas compra, pagas, y listo, los Bitcoins son tuyos.

1. Bitstamp

Es una plataforma trotamundos que se ha establecido y luego mudado un par de veces. Comenzaron en 2011 en Eslovenia, luego se mudaron al Reino Unido un par de años más tarde, y desde hace un par de años se encuentran en Luxemburgo.

Esta plataforma es más recomendada para expertos, y busca apuntar hacia compradores y vendedores de altas cantidades, pues ofrece muy bajas comisiones cuando de elevadas cifras se habla.

Se muestra como una de las más seguras porque almacena la mayoría del dinero de los clientes en las conocidas billeteras en frío, sin embargo, no a muchos les gusta porque no ofrece demasiadas alternativas como medios de pago.

Cualquiera puede comprar Criptomonedas en esta plataforma, pero si deseas hacerlo desde tarjeta de crédito, la comisión de la compañía puede llegar hasta un 8%, lo puede tener sus pros y sus contras, aunque como dijimos antes, resulta atractiva si la cantidad que vas a adquirir en bastante alta.

i. Bitpanda

No es tan popular en el mundo entero, pero sí creemos que es hoy por hoy una de las más famosas en toda Europa. Acepta como medio de pago casi cualquier tarjeta de moneda electrónica, es decir, desde PayPal hasta neteller, entre otras.

Una de sus desventajas es que las comisiones que cobran no se hacen públicas, sino que se incluyen en el precio de compra venta cuando ya vas a realizar la transacción. Por otro lado, casi se puede decir que la única moneda tradicional que acepta es el Euro, lo que en cierta medida los limita a nivel internacional.

Fuera de eso, es una de las plataformas más modernas y más rápidas a la hora de comprar Criptomonedas, a pesar de que solo trabaja con cuatro de ellas, entre ellas Bitcoin, por supuesto. Las transacciones por compras suelen ser muy rápidas, excepto cuando se trata de SEPA que toma realmente un día entero. Recomendada para principiantes, pero si eres un experto, puedes encontrar mejores alternativas, más adaptadas a tus gustos y necesidades.

Yo personalmente utilizo para compras **Coinbase**, **Changelly** y en casos extraordinarios **CEX.io**

Por último, queremos agregar 5 consejos antes de que compres Bitcoin para que los tengas en cuenta antes de invertir en esta magnífica criptomoneda, especialmente si eres principiante.

1) **Recuerda que Bitcoin nunca duerme:** no te estreses si por alguna razón no puedes monitorear por completo una transacción. Las Criptomonedas y casi todo lo que se genera por internet, no es como en el mundo real de la 2.0 donde hay un día de descanso y un

horario de trabajo. Las Criptomonedas se venden a toda hora, así que no te estreses por eso, que si necesitas dormir, puedes hacerlo, y al día siguiente ver cómo van rus transacciones de Bitcoin o de cualquier otra criptomoneda con la que estés haciendo trading.

2) **Organízate:** Si estableces un plan de inversión, es mucho más probable que tus negocios fluyan, en comparación a si comienzas a comprar Criptomonedas sin tener objetivos claros. Está bien comprar Bitcoin en una cantidad baja para empezar, pero esa cantidad, por muy baja que sea, debe ser monitoreada, tomada en cuenta, con rangos de ganancias y pérdidas, con intenciones de inversiones futuras. En fin, son muchos los aspectos a considerar, pero tienes la ventaja de que ese plan de inversión solo lo establecerás tú mismo, por lo que puedes diseñarlo según tus intereses y tus posibilidades, pensando en tus capacidades y en tus limitaciones para que no interfiera en ninguna otra cosa que creas que pueda afectar.

3) **Controla todo lo que inviertes:** Si bien es cierto que las Criptomonedas tienen la particularidad de que no son controladas por ningún gobierno ni organismo como son reguladas las monedas tradicionales, tú sí puedes controlar cuánto gastas, es decir, cuánto inviertes en cada criptomoneda. No somos quién para decirte que no compres cierta cantidad de Bitcoin, por ejemplo, pero sí te recomendamos que lleves un control muy bien manejado de tus inversiones y que las hagas de maneras muy organizadas para que puedas evaluar fácilmente las ganancias y las perdidas y poder tomar medidas a tiempo cuando sea necesario.

4) **Evita el pánico:** si cumples los tres consejos anteriores, si eres organizado, no pasa nada si pierdes cierta cantidad de dinero, porque todo estará bajo control. No hay necesidad de que ante la primera pérdida salgas corriendo a hipotecar tu casa para saldar deudas. Eso solo será necesario si inviertes cantidades absurdas y luego pierdes todo por no llevar un adecuado control y monitoreo de la situación. Lo u debes hacer es aprender de los errores, los cuales cometerás, porque somos humanos, y especialmente porque eres principiante. No te abrumes por eso, sigue adelante, que los más grandes empresa-

rios también tuvieron tropiezos y algunos debieron empezar desde cero en más de una oportunidad.

5) no esperes demasiado: este es el momento, esta es la oportunidad. A pesar de que las Criptomonedas han agarrado una gran fama a nivel mundial, el mercado aún no ha explotadlo ni siquiera el 20 % de lo que se sabe puede llegar a fluctuar, así que aprovecha, invierte, pero hazlo tomando en cuenta los cuatro consejos previos para que este camino sea de aprendizajes y ganancias.

5

¿DÓNDE GUARDAR TUS BITCOINS DE LA MANERA MÁS SEGURA?

E n este capítulo le daremos respuesta a una de las preguntas más interesantes y al mismo tiempo, una de las más comunes entre los usuarios de Criptomonedas, especialmente de Bitcoin.

No Es descabellado que esta sea una de las preguntas más frecuentes, después de todo, esta pregunta atiende a razones de seguridad. Si hemos dado el paso de invertir en Bitcoin, lo más lógico es que queramos saber dónde podemos guardarlos de la manera más sega, pues nadie quiere invertir su dinero y correr el riesgo de perderlo todo.

Estas dudas surgen en parte, porque si bien es cierto que el Bitcoin entre otras Criptomonedas, es un boom hoy en día, con un auge tan algo que parece que su valor no para de elevarse, también es verdad que han existido estafas.

Como ya te hemos explicado en capítulos anteriores de este libro, el muy difícil que se roben los Bitcoin por la forma en la que se encriptan. Su creador diseñó una fórmula infalible en la que gracias a las cadenas de bloques es prácticamente imposible hacer trampas, al mismo tiempo que también es muy difícil que algún experto informático pueda aplicar algún tipo de truco para robar o alterar las transacción que se ejecutan peer to peer.

El problema ha venido por plataformas de compras y ventas de Criptomonedas donde de verdad han cometidos errores muy tontos y al mismo tiempo muy graves, y las consecuencias han sido robos multimillonarios. Una vez más, podemos decir, que la inseguridad no viene de parte ni de la criptomoneda ni de las técnicas en las que sus creadores han generado la posibilidad de realizar transacciones, sino m´{as bien de las compañías emergentes que se han sumado al mercado ofreciendo servicios de compra y venta de criptoactivos, entre ellos las plataformas de casas de cambio, donde dichos errores tienen los nefastos resultados que ya te hemos comentado.

Basados en estas inquietudes, hemos decidido desarrollar una lista con todas las opciones que existen en el mercado para al almacenar Bitcoins, tomando en cuenta realmente las más populares, porque la verdad es que existen demasiadas. Pero lo hacemos con las mejores intenciones para ayudarte a que tomes la mejor decisión a la hora de escoger una billetera o monedero en específico donde almacenar tus Bitcoin.

Primero que nada debemos recordarte que existen básicamente tres tipos de lugares donde almacenar tus Bitcoin, pero todas son llamadas billeteras o monederos. Para aclarar aún más, las billeteras o monederos en realidad no almacenan ningún dinero, el dinero o los Bitcoin en realidad siempre están en el especio de la compañía, en la red. Las billeteras lo que hacen es almacenar datos que permiten ubicar tus Bitcoin y organizarlos, sabiendo cuánto tienes, cuánto has comprado y cuánto has gastado. Puede sonar un poco complejo, especialmente si no eres muy dado a la informática, pero de eso se trata esta nueva era de dinero electrónico donde lo virtual es realmente información almacenada que luego, para propósitos normales del mundo civilizado, puedes convertir en moneda real o viceversa, pues no olvides, el Bitcoin y las Criptomonedas ya no solo tienen un valor en dólares y Euros, sino que las puedes usar para pagar directamente así como también para comprar por productor o servicios ofrecidos. El maravilloso nuevo mundo del mercado 2.0.

Estos monederos virtuales son muy variados como ya te lo detallamos en algunos capítulos anteriores, pero básicamente te recordamos que existen 4 tipos principales de billeteras o monederos, y tú
eliges cuál de ellos utilizar.

Tenemos por un lado las carteras o billeteras en línea, que son
monederos virtuales de los más utilizados hoy en día, por un serie de
comodidades que ofrecen, las cuales seducen a casi cualquier usuario
de Bitcoin.

Por otro lado están los monederos de software sin conexión, útiles
para aquellos usuarios que deseen instalar un monedero que puedan
utilizar sin conexión a internet. Este es tal vez uno de los más recomendados por la seguridad y privacidad que ofrecen.

También tenemos los monederos o billeteras de hardware,
porque lleva el nivel de la seguridad a un punto todavía mayor, y es
recomendado en aquellos casos donde se manejen altas cantidades
de criptoactivos, porque al estar alejados de la red, es decir, al ser lo
que también llamamos billeteras en frío, se disminuyen los niveles de
robos electrónicos, que de por sí ya son bastante bajos en Bitcoin
pero que cuando se asegurar nuestro dinero se trata, nunca es
suficiente.

Comencemos por los monederos o billeteras en línea. Ya te
hemos dicho en reiteradas oportunidades que no son de nuestros
favoritos, pero si eres principiante y deseas solo familiarizarte en un
momento para luego emigrar a otro cuando ya entres de lleno en el
mundo de los Bitcoins, esta puede ser una opción interesante en
especial porque e facilitan todo, o casi todo, haciendo que las operaciones sean más simples, rápidas y sencillas.

Coinbase es tal vez la más famosa, ya te hemos hablado de sus
bondades en capítulos anteriores, pero esta vez le echaremos una
mirada un poco más profunda al mismo tiempo que más objetiva,
para tatar de brindarte la información necesaria para que puedas
decidir si te quedas con ella o eliges otra opción que mejor se adapte
a tus gustos e intereses.

El único detalle negativo que podemos ofrecerte de manera
directa, es que recientemente se supo que hubo un problema con

BitcoinCash, lo cual le hizo que perdieran muchos seguidores. Sin embargo, aún con eso siguen siendo la más popular hoy en día. Tiene funciones sencillas y muy fáciles de usar, y por algo todo mundo la usa. La popularidad no siempre es sinónimo de calidad, pero cuando se trata de dinero, es difícil que las personas utilicen un producto o servicio solo por moda.

Blockchain es la segunda billetera más famosa cuando se sistemas en línea se trata. Dicho por sus propios usuarios, no existe una interfaz más fácil de captar y entender, y a muchos les gusta la ventaja de que no es necesario registrarse y crear una cuenta. Solo debes entrar, hacer tus operaciones, y listo. No hay mayor protocolo a la hora de hacer uso de este famoso monedero, así que seguramente te resultará interesante si quieres una billetera que no represente mayor burocracia a la hora de mover tus Bitcoins, porque en esa era, el tiempo vale oro.

Aparte de estas dos, existen muchas otras carteras de Bitcoin o de Criptomonedas en general que son de este tipo, en línea. Pero la verdad es que no las tomaremos en cuenta por ser poco populares, estar en período de prueba o de plano tener muy mala reputación. Preferimos no hablar de lo que no tendremos casi ninguna opinión positiva, y aunque hay algunas que están en fase Beta, preferimos esperar que terminen de consagrarse en el mercado antes de emitir un juicio, porque como dijimos al comienzo de este capítulo, la intención aquí es ayudarte a hacer una elección adecuada sobre donde guardar tu Bitcoin.

Ahora continuaremos con las billeteras de escritorio, también conocidos como monederos de software sin conexión. Estos son recomendados para quienes desean algo de independencia al margen del internet y sus debilidades. Tener tu Bitcoin almacenado en este tipo de monederos enfrío hace que a la hora de que se caiga una conexión, puedas seguir conservando tus activos, pero también tiene sus desventajas particulares que pueden variar según la compañía. Por ello, a continuación te detallamos los más interesantes, los más populares, para que de alguna manera podamos facilitarte el tomar una decisión.

. . .

Exodus es la compañía que nos gusta decir que es ideal para personas visuales a las que les encantan los números. Esta aplicación te ofrece amplia y detallada información a través de gráficos, por lo que no solo podrás almacenar tus Bitcoin en ella, sino que además te mostrará los valores y todo lo que necesitas saber, de una manera muy dinámica y visual que a todos los amantes de las tecnologías les puede encantar.

Por otro lado es importante mencionar que no solo te permite guardar Bitcoin, sino que también podrás almacenar en ella otros tipos de Criptomonedas, entre ellas el Ethereum y el Litecoin, entre otros. Todo de manera gratuita a través de sistemas que perfectamente pueden operar con Linux, Mac y Windows.

Saca tus propias conclusiones, pero desde nuestra trinchera podemos decirte esta es muy completa, además que no te genera gasto alguno y te brinda mucha seguridad y proyección tanto a ti como a tus ahorros en Criptomonedas.

Electrum es la más rápida dentro de las billeteras privadas. No tiene mayores elementos que la diferencien de otras aplicaciones, excepto que de verdad su interfaz es muy veloz y te permite realizar las transacciones de manera directa con otros usuarios casi que en tiempo récord. Si no tienes nada de paciencia al momento de mover tus Bitcoins o simplemente quieres velocidad, esta aplicación es para ti, además de características obvias como que es muy segura. Al igual que la mayoría de este tipo.

Jaxx Liberty Es una billetera muy diferente a las demás porque no busca que te quedes con ella. El servicio que ofrece esta aplicación es bastante particular, te permite mantener control de tus datos y de los Bitcoins que tienes almacenados, pero de una manera tan amplia que puedes utilizarlos para guardarlos en cualquier otra billetera, al mismo tiempo que también te da la opción de convertir una cripto-moneda a otra, como por ejemplo pasar Bitcoin a Ethereum. Nos gusta decir que esta es una app bastante generosa que vale la pena tener en cuenta además de ser obviamente bastante segura y confiable.

Mycellium es de las más seguras, de las mejores que existen, al mismo tiempo que es muy avanzada, con opciones del más alto nivel a la vanguardia de las nuevas tecnologías. El detalle con esta aplicación es que solo es compatible para teléfonos inteligentes, solo admite Bitcoin, y si eres un usuario inexperto o principiante, te puede resultar un poco complicada porque de verdad que es para conocedores que puedan saber aprovechar todas sus bondades tecnológicas.

Bread Wallet es de las más seguras para celulares al mismo tiempo que de las más fáciles de usar. A principio solo estaba disponible para iOS, pero ahora también existe para Android. Dicho por los propios usuarios, no existe un monedero para teléfonos celulares que sea más fácil y sencillo de usar que este. Sus funciones son básicas, no esperes nada muy tecnológico o brillante, pero para principiantes está perfecta.

Copay es una billetera que te ofrece una función única: crear fondos comunes donde puedes compartir tus Bitcoin con amigos, familiares o incluso socios, si así lo deseas. Esta billetera tiene la particularidad, además, de que si gustas puedes manejar más de una cuenta, teniendo por ejemplo, una persona y una comercial. Cuando se trata de fondos compartidos, puedes crear un grupo donde todos los miembros deben dar la aprobación antes de que emitas el envío de criptoactivos, por lo que es ideal, como ya dijimos, para socios, familiares o amigos que compartan cuentas de Bitcoin y otras Criptomonedas.

HARDWALLETS la mejor manera de guardar de manera segura y confiable tus Criptomonedas

AHORA VAMOS con las carteras de Hardware. Estas son, sin duda, las más seguras a la hora de combatir los crímenes electrónicos. Es cierto que se trata de un dispositivo físico que bien puedes extraviar o pueden robarte, y de igual manera quedarías expuesto a perder todas tus Criptomonedas. Pero la verdad es que eso es muy poco probable, a no ser que seas una persona muy descuidada, muy poco precavida con sus cosas.

Con tan solo conectar la memoria externa o el pen drive donde se encuentre esta billetera, podrás utilizarla, y muchas de ellas puedes incluso conectarla a billeteras online para hacer lo que en términos de Criptomonedas llamamos: pasar criptoactivos de en frío a caliente.

Sin discusión esta es la modalidad más segura que existe en estos tiempos donde los robos más atroces son de manera electrónica, por lo que a continuación te presentamos dos opciones muy puntuales, las que consideramos las mejores del mercado, por si quieres adquirir un monedero de este estilo:

Trezor

Es, de todas las de este estilo, la que más tiempo lleva en el mercado, lo que le da una gran reputación por mantenerse activa y llena de seguidores en un mundo de transacciones donde la mayoría opta por las modalidades en caliente, o sea, las billeteras o los monederos online. Su precio se acerca a los 100 $ y no es precisamente la más moderna, pero es de muy fácil acceso, bastante sencilla de usar, y sin duda alguna es la más segura billetera de este y todos los tipos que puedan existir.

Puedes comprarla aquí la más moderna la **TREZOR MODEL T:**

O QUIZÁS TE interesa la **TREZOR MODEL ONE:**

LEDGER NANO S

Además de ser un poco más económica (no llega a los 80 $) tiene toda una variedad de funciones muy novedosas que van desde poder activar y desactivar el pin hasta conectarte con casi todas las Criptomonedas que existen, por lo que no solo es útil

para quien maneje Bitcoin sino que también sirve para quienes
estén haciendo transacciones con Ethereum, Litecoin e incluso
altcoins. Es de verdad toda una maravilla moderna que brinda una
seguridad casi blindad por donde se le mire. Puedes comprarla
aquí:

VE LA LEDGER NANO S AQUI:

Por último, ha llegado el momento de hablarte de las billeteras de
papel, las famosas paper Wallet. Estas no son tan duraderas y resis-
tentes como la otra versión física, las que te acabamos de mostrar,
pero igual son muy seguras. Puedes guardarlas a modo de tarjeta,
darlas incluso como tarjetas de regalo casera si las deseas obsequiar,
y tienes una facilidad muy práctica a la hora de guardarlas, que al
mismo tiempo podemos decir que es su maldición.

Sí, has leído bien. Como te decíamos al comienzo de esta explicación, las billeteras de papel son muy débiles para la función que van
a cumplir, o eso nos parece a nosotros, por lo que recomendamos que
las tengas muy bien guardadas, incluso cubiertas contra agua y cualquier otra cosa que pueda acelerar su deterioro.

También tienen la dificultad de que programarlas no es algo
precisamente sencillo, y si las pierdes, no hay manera de recuperar-
las. Por eso, aunque son prácticas y seguras, pueden significar un
arma de doble filo. Sin embargo, a continuación te presentamos las

que consideramos las dos mejes billeteras de papel que existen en el mercado si deseas utilizar esta opción para guardar tus Bitcoins.

Bitaddress es tal vez la opción menos indicada si no eres una persona muy dada a este tipo de cosas. No ofrece demasiada información salvo un pequeño instructivo de cómo configurarla, y aunque hay usuarios que dicen que es muy fácil de usar, también vemos que la mayoría ha tenido que recurrir a tutoriales de YouTube una vez que la han adquirido, por no quedarles muy claro cómo usarla.

BitcoinPapperWallet es preferible a la anterior, si nos preguntas a nosotros. Tiene un centro de ayuda en el que puedes consultar cualquier duda o dificultad que presentes, y puedes tener el físico en muy poco tiempo. Es gratis y solo tendrías que pagar si deseas agregar o hacer us de ciertas opciones que sin tecnológicamente avanzadas como hologramas y programas de comprobación de falsificación.

Habiéndote mostrado todas estas opciones, creemos que a estas alturas del libro, en este preciso capítulo, sería ideal ofrecerte lo que son nuestros 3 mejores consejos antes de que debas tomar una decisión. Como hemos manifestado en reiteradas oportunidades a lo largo de este libro, nuestro objetivo es ofrecerte la mayor información posible para que puedas tomar la mejor decisión ahora que estás por entrar al mundo del Bitcoin.

1) **Cúbrete las espaldas:** hacer respaldos, o lo que informática llamamos "Back up" puede resultar muy valioso. Es una medida extra que bien puede servirte cuando menos lo esperes pero más la necesites. Puedes utilizar un dispositivo solo para eso, y puedes mantenerlo actualizado para evitar problemas mayores.

2) **Elige la opción que más se adapte a tus necesidades:** eso incluye tomar en cuenta tus limitaciones. Si eres una persona que apenas está empezando en esto, quizás no te convenga, por ahora, usar las opciones más avanzadas tecnológicamente porque podrías complicarte el panorama tú mismo. Con esto no queremos decirte que te limites tú mismo, puedes dedicarte a aprender cada vez un poco más sobre Bitcoin, visitar foros, descargar boletines mantenerte informado en redes sociales siguiendo cuentas de criptoactivos y de avances tecnológicos, para que luego, cuando tengas más experiencia,

puedas de verdad sacarle provecho a los softwares que más te atraigan.

3) Instrúyete: Eso va de la mano con lo que te aconsejamos en la recomendación anterior. Si te mantienes leyendo, te puedes mantener actualizado, y en la medida en la que estés al día con el conocimiento, podrás hacer mejor uso de toda la tecnología, sacarle el mayor provecho a todo, y evitar riesgos en la mayor medida posible.

Pudiéramos agregar muchas más recomendaciones, pero por ahora, preferimos que el resto sea un aprendizaje que tú mismo descubras y construyas después de la información que en este libro tratamos de poner a tus servicios. Así que adelante, ¿Listo para un próximo capítulo?

6

IMPORTANTE

¿Está disfrutando de la lectura de este libro?

S i estás disfrutando leer este libro y estás encontrando un beneficio en él, me encantaría avisarte que este libro tiene una version en audiolibro, puedes hacerte con el de forma gratuita si escaneas el siguiente código QR:

¡Gracias por tomarte el tiempo!
¡Qué lo disfrutes!

7

¿CÓMO CONSEGUIR BITCOINS GRATIS?

¿Quieres obtener Bitcoins pero no tienes dinero para comprarlos? No te preocupes, este capítulo es para ti. Comencemos por decir que lo gratis no existe, o eso hemos aprendido en el mundo de los negocios, porque de eso se tratan los negocios, de dar algo para recibir algo a cambio, de no ser así no se llamaría negocio y estaríamos hablando de caridad o cosas por el estilo.

Si se puede obtener Bitcoins sin pagar, es una realidad. Pero igual deberás hacer algo a cambio. Si eres alguien que quiere obtener Bitcoins pero no tienes el capital para empezar, pues este capítulo te resultará interesante porque te mostraremos las diferentes maneras en las que puedes obtener la criptomoneda más famosa y valiosa del mercado, a cambio de unas cuantas horas de tu tiempo en actividades que estamos seguros no representarán un gran esfuerzo de tu parte.

A partir de este momento te mostraremos las 3 maneras puntuales en las que puedes obtener Bitcoins sin invertir un centavo, y a su vez, te contaremos sobre las diferentes páginas de internet donde puedes lograr cumplir con cada una de estas 3 tareas diferentes, para que elijas por ti mismo por cual empezar.

No te mentiremos, no es una fórmula mágica para tener 100 Bitcoins en una semana, si lees una vez algún anuncio similar, te podemos garantizar que se trata de algún tipo de estafa. Pero con constancia, dedicación y paciencia, puedes obtener algunos Bitcoins en menos tiempos del que te llevaría reunir el dinero para comprarlos.

Minar Bitcoins: estamos seguros de que ya has leído o escuchado sobre la minería en Bitcoin. No es un mito, no es falso, pero tiene ciertos requerimientos específicos. No vamos a ahondar demasiado en esta manera de obtener Bitcoins porque es tan compleja que hemos decidido desarrollar un capítulo completo que podrás encontrar más adelante en este libro, con todas las claves para poder minar Bitcoins de una manera efectiva.

Sin embargo, te adelantamos que minar Bitcoins es realmente posible. Cada día hay más y más personas trabajan en ello y les ha ido muy bien. El detalle con minar Bitcoins, es que si bien es cierto que no pagarás ni un centavo por los Bitcoins que logres obtener por este medio, igual debes invertir en un ordenador de calidad, actualizado, un software que haga el trabajo y una tarifa de energía eléctrica que puede salir un tanto elevada.

Sí, a grandes rasgos, minar Bitcoin no es más que programar una computadora con un programa específico para que ella haga el trabajo por nosotros. Pero como ya has visto, necesitas invertir en equipos, software, programas, y mucha electricidad. Si esto te interesa, sigue leyendo este libro que más adelante tendrás un capítulo muy detallado sobre cómo lograrlo de manera rápida y sencilla. Por ahora, pasemos a otros puntos sobre cómo obtener Bitcoins sin gastar un solo centavo.

Escribe Sobre Bitcoins: esto va más para personas expertas, personas que están al día en el mercado, que saben cuánto vale un Bitcoin, que pueden dar recomendaciones sobre cosas muy especializadas como dar una reseña sobre algún software de almacenamiento en específico, hacer críticas a billeteras o monederos, dar opiniones sobre plataformas de cambio de Criptomonedas, entre tantas otras cosas que puedes escribir sobre Bitcoins.

No lo creerás, pero hay numerosas páginas en internet que pagan con Bitcoin si les redactas un artículo sobre alguna temática especializada de Bitcoins o incluso de Criptomonedas en general. Pero recuerda, esto no es para cualquiera. Es gratis, no debes invertir nada de dinero, por el contrario, son esas páginas las que pueden pagarte hasta 100 $ en Bitcoin a cambio de un artículo de calidad.

El detalle es ese, que debes dominar muy bien el tema, tener la capacidad de escribir un artículo único, original, algo que poca gente sepa, algo que no cualquiera pueda escribir. No queremos desalentarte, pero si no dominas demasiado el mundo del Bitcoin, puede que escribir sobre ello no sea para ti.

Sin embargo si crees que sí tienes el conocimiento y la calidad literaria para escribir artículo interesantes sobre Bitcoin, solo basta con que te dirijas a cualquier página especializada y les envíes un mail con una muestra de algún artículo que puedas escribir, algo que ya hayas redactado, algo totalmente original e interesante, y te garantizamos que si es lo suficientemente bueno, por lo menos te responderán, ya sea para contratarte, o al menos recomendarte o referirte a alguna otra web de algún otro colega que ellos consideren que sí podría estará interesado en tus servicios.

Ahora, si no es tu caso, no pierdas demasiado tiempo en ello. Pero no te aflijas que esto se va poniendo bueno, porque mientras más vamos descartando opciones, más nos acercamos a la que desde un principio hemos pensado para ti, esa en la que solo necesitas algo de tiempo y paciencia para obtener Bitcoins sin gastar un solo centavo.

Diviértete en sitios que te paguen con Bitcoin: esta es la tarea que estabas esperando, se trata de entrar a sitios web donde lo que debes hacer es mirar anuncios, ver videos, realizar tareas sencillas e incluso divertidas como jugar en diferentes actividades, crear personajes, entre tantas otras cosas.

El tipo de tareas o juegos es muy variado, y a continuación te mostraremos las páginas más famosas en las que los propios usuarios dan fe de haber obtenido Bitcoin a cambio de pasar algunas horas de sus días dedicados a divertirse o entretenerse en ellas.

FarmBitcoin es una web con los típicos juegos de granjas, como el que seguramente alguna vez jugaste o viste jugar en Facebook. Se trata de ir creando y haciendo crecer una granja, cultivando, manteniendo actividad en la web, y al cabo de un tiempo vas recibiendo como parte de pago por tu tiempo invertido, fracciones de Bitcoin. No te harás rico en un día, no tendrás 100 Bitcoins en una semana, pero te aseguramos que para no haber invertido ni un centavo y solo dedicarte a jugar, es una manera maravillosa de comenzar a generar esta famosa y valiosa criptomoneda.

BTCClick es un espacio genial para obtener Bitcoin a cambio de mantenerte haciendo click en las diferentes páginas que te irán sugiriendo mientras estés dedicado a ellos. Con solo hacer clic y mirar anuncios, entre algunos otras tareas bastante sencillas, puedes ganar Bitcoin de manera de verdad extremadamente sencilla. Además de que tienen una muy buena reputación. No hay usuario que se queje de no haber recibido la paga prometida.

WeekendBitcoin es una página que su propio nombre lo dice, puedes hacer Bitcoin especialmente los fines de semana cuando la cosa se pone todavía mejor. Te pagan a través de Satoshis, que pueden ir desde mil por hora hasta 10.00 los fines de semana. ¿Qué esperas? Solo debes entrar en ella y divertirte.

Robotcoin es perfecta si te atraen los juegos con Robots amigables y divertidos. Al comienzo la cosa es un poco difícil, pero todo juego, luego le vas a agarrando el hilo, cumpliendo con las tareas, y puedes ganar hasta 2.000 Satoshis en apenas una hora. No creemos que sea nada malo, ¿eh?

MoonBitcoin es de lo más novedoso que hay, y al contrario de la mayoría de las páginas de este estilo, si por alguna razón dejas pasar varios días sin ingresar, podrás ver que una vez que la retomes, el pago se va incrementado. Tal vez se da a alguna política de premiación que no entendemos, pero sabemos de primera mano, que los propios usuarios están fascinados con ella. Te recomendamos que ingreses lo más pronto posible si deseas sacarle provecho, pues las pocas plataformas con esa naturaleza, generalmente terminan alcanzando muy rápidamente un número de usuarios y luego no admiten nuevos miembros. No decimos que eso sea precisamente lo que va a pasar, no queremos jugar a Nostradamus, solo te contamos lo que hemos visto con otras páginas tan buenas como esta, y dado que esta está comenzando, te la recomendamos de inmediato, especialmente porque sus usuarios dan fe de que sí pagan.

FreeBitco.in es una plataforma interesante, tiene una gran reputación en la que todos sus usuarios la recomiendan. Se trata de introducir códigos e ir ganando a través del azar. Luego, cuando ya has recolectado una cantidad específica, puedes participar en juegos donde puedes doblar o triplicar tus ganancias. Es cierto que en esos juegos también puedes perder todo lo que has ganado, pero no es obligatorio. Puedes perfectamente mantener jugando y aumentando tus ganancias sin arriesgar nada. <u>Si te interesa poder comenzar a ganar Bitcoins gratis puedes comenzar aquí:</u>

BitcoinZebra Al igual que el ejemplo anterior, es una página donde realizas una tarea para obtener Bitcoin, y luego puedes intentar multiplicar tu ganancia en otros juegos dentro de la misma página. La diferencia es que aquí se trata de alimentar a una cebra, y con las ganancias, puedes irte a jugar dados. Pero lo mejor es que si pierdes en los dados, no pierdes tus ganancias, lo único que habrás perdido será el tiempo invertido, pero lo ganado, es tuyo y nadie te lo va a quitar. Es una de las más recomendadas cuando de juegos online se trata.

Bitcoinker es una página un poco más compleja, algunos usuarios no le han tenido paciencia, pero la verdad es que solo necesitas dedicarle algo de tiempo y verás que las ganancias serán reales, mucho mayores a las de los ejemplos anteriores. Básicamente se trata de resolver captchas, dar los datos de tu billetera, y cobrar. Tan sencillo como eso, pero no te pagan de inmediato sino los primeros días de cada mes. Tal vez por eso hay muchos usuarios que no le tienen paciencia.

CrackFaucet es todo lo opuesto a la anterior y puedes reclamar tus Satoshis cada 20 minutos. Además cuenta con un programa de referidos donde puedes ganar algo extra invitando a otras personas a ingresar y participar en la página, y por si fuera poco, cuenta con un blog propio donde te proporciona información valiosa y constante sobre el Bitcoin, para que estés al día y sepas en qué invertir, porque sabemos que si estás leyendo este libro es porque deseas ganar Bitcoin para adentrarte en el mundo del negocio de las Criptomonedas. ¿Cierto?

FreeBitcoin es para aquellas personas a las que les guste tentar la suerte. Sin invertir un solo centavo, juegas a una ruleta donde puedes ir ganando Bitcoin, y lo más interesante es que la página misma opera como un banco en el que puedes conservar tus ganancias generando un interés que supera al 4%. Nos parece una maravilla, salvo el detalle de que multiplicar tus ganancias no depende del todo de ti, sino en gran medida de la suerte. Pero vamos, nada mal para no haber invertido un solo centavo. **Comienza ganando Bitcoins gratis aquí:**

SwissAdsPaysFaucet es muy parecida a la anterior, se trata de juegos de azar en línea, pero te da muchas más opciones. También te ofrece la oportunidad de ahorrar y generar el 4 % de intereses, pero si inviertes un poco en la página te dan todavía más opciones de juego. Nosotros no recomendamos eso último, especialmente porque hemos escrito este capítulo del libro dedicado a las personas que no tienen dinero para invertir en Bitcoin, pero sentimos la obligación de mencionarlo porque es lo que les ha dado la mayor fama. La mayoría de sus usuarios lo recomiendan porque consideran que esa pequeña inversión vale la pena para obtener ganancias todavía mayores.

BonusBitcoin es una página que enamora a cualquiera a través de lo que ofrecen en su propio nombre: bonos. Se trata de destacarte en cualquiera de sus tres opciones, ya sea realizando tareas, viendo anuncios o participando en juegos de azar. Lo interesante es que te ofrece una alta cantidad de bonos en las que puedes hasta llegar a duplicar tus ganancias. Te dan Bonos por productividad, por constancia, por permanecer activo, e incluso pro preferirlos a ellos y recomendarlos ante amigos que se terminen inscribiendo en la página. Nos parece perfecto por eso mismo, porque mientras tiempo le dediques, mientras más los ayudes a obtener fama, mayor será el beneficio.

ClaimBtc Es una de las más famosas en la actualidad aunque la mayoría de sus usuarios se queja de que está plagada de anuncios y publicidad. Si deseas trabajar en ella, es muy fácil obtener Bitcoin resolviendo Captchas, pero ten cuidado de no perder demasiado tiempo en publicidad que no te genera ganancias o en el peor de los casos adquirir algún virus.

Ahora, si lo tuyo es ver videos sobre anuncios solamente, a continuación te tenemos 4 ejemplos puntuales, las páginas más famosas y recomendadas donde lo único que debes hacer es ver videos y cobra por ello.

BtcVic es una página donde en tan solo segundos puedes hacer varios Satoshis, pero si deseas retirar cantidades bajas, te cobran comisiones de hasta 2%. Lo ideal es que dejes acumular las ganancias hasta que llegues a un número considerado para que no pierdas tanto en comisiones, además de que puedes ganar mucho más, varios Satoshis extra refiriendo a amigos De hecho, con tan solo registrarte de tan un bono de 50 Satoshis. Por eso es uno de los más recomendados.

BTC Clicks Es similar a la anterior, puedes ganar hasta 4 Satoshis por ver videos de apenas 20 segundos y puedes ganar una comisión extra si haces que tus amigos participen en ella. Lo malo es que si dejas pasar un mes y medio sin actividad en tu cuenta, te retiran todo, absolutamente todo lo que hayas ganado, además de que no podrás hacer retiros hasta que ya hayas generado una cantidad considerable de Satoshis.

Coin Bulb es similar a las anteriores, pero un poco más rigurosa a la hora de registrarte. Te exige confirma por correo electrónico y no te dan bonos por riostrarte. Pero puedes ganar hasta 60 % por tus amigos referidos, y si pagas la versión Premium, puedes ganar hasta el 100 % de lo que ganen tus amigos. Una vez más te decimos que no nos gusta recomendar páginas para ganar Bitcoin de forma gratuita donde luego te dan opciones donde además gastar, pero también, una vez más esta es una de las opciones que más le ha gustado a sus propios usurarios, así que nos sentimos en la obligación de comentarlo.

Bitter.io es parecida a las anteriores pero las ganancias pueden llegar a ser el doble. El detalle está en que es un poco más compleja para comenzar, no solo te pide varios datos para registrarte, sino que además deberás descargar algunas cosillas para poder hacer uso de la página como debe ser. Muchos usuarios la recomiendan por ser muy poco invasiva, es decir, tiene muy pocos anuncios de publicidad, por lo que puedes dedicarte a generar Bitcoins de forma amena y tranquila.

Ahora que ya te hemos mostrado las opciones que tienes para ver videos y realizar tareas entretenidas y divertidas muy parecidas a los juegos, es momento de mostrarte lo que son los juegos de verdad, los que sí son videojuegos, esos con verdadera interacción y muy dinámicos.

Tomy Game es un videojuego que te hará recordar a esas caricaturas clásicas de Tom y Jerry. Podrás ganar hasta casi 100 Satoshis por día y puedes participar en carreras contra otros usuarios, donde el que gane se queda con las ganancias del otro. Es un juego muy interactivo donde a medida que avanzas vas desbloqueando otros mini juegos en los que puedes seguir ganando fracciones de Bitcoin. Es maravillosa y entretenida, una verdadera manera de ganar jugando.

BitFun es una página como ninguna otra porque no existe una que la supere en los más de 600 juegos que tiene, todos muy variados, y en los que puedes ganar Bitcoins. Has leído bien, más de 600 juegos diferentes. Puedes pasarte un día entero solo mirando las opciones aunque esa no es nuestra recomendación. El caso es que es genial por la variedad que ofrece, será casi imposible que te aburras de ganar Bitcoin en esta página, además de ofertas ya conocidas como ganar un porcentaje por los amigos que logres que se inscriban y participen en esta página.

Bien, así como estas que te mencionamos, existen muchas otras, puedes investigarlo por ti mismo. Nosotros solo buscamos mostrarte las más populares que además mantienen muy buena reputación y que son recomendadas por sus propios usuarios. Una vez más admitimos que no será demasiado el Bitcoin que puedas generar desde estas opciones, pero nos parece una método maravilloso para comenzar si no tienes dinero para invertir. Una vez que ya hayas ganado un poco, podrás irte al mercado serio y multiplicar tus ganancias de otros modos que te iremos explicando más adelante en este libro.

8

BITCOIN TRADING

En los capítulos anteriores te hemos mostrado cómo obtener Bitcoin, de hecho comenzamos por explicarte lo básico, hasta te comentamos cómo surgió, de quien fue la idea de crear el Bitcoin, cómo se usa y para qué fue creado. También tuvimos la amabilidad de enseñarte hasta datos curiosos, anécdotas de personas que se hicieron ricas y famosas de la noche a la mañana invirtiendo en Bitcoin. También te hemos mostrado que Bitcoin no es la única criptomoneda del mercado, solo que las otras que existen aún no superan a la primera, a la que consideramos la mejor de todas, el Bitcoin.

En este capítulo, ya que te hemos enseñado cómo obtener Bitcoin, y cómo guardarlos de manera segura, es momento de hablar acerca de todo lo que puedes hacer con él, y definitivamente lo más interesante para hacer con Bitcoin de una manera que te genere ganancias, es hacer lo que se conoce como Trading, que no es más que comprar y vender aprovechando las bondades de un mercado fluctuando, que siempre está subiendo y bajando y que por lo tanto, si eres los suficientemente ávido, podrás sacarle el mayor provecho posible.

Primero que nada debemos explicarte qué es el Bitcoin trading. El

Bitcoin trading no es más que comprar y vender Bitcoins, tan sencillo como eso. Se hace con la intención de comprar la más bajo precio para luego venderlo al más alto. Es lo mismo que sucede con el dólar en lugares de Latinoamérica, por ejemplo. Con la diferencia de que el Bitcoin es un moneda controlada por ningún gobierno ni ninguna institución. De hecho, esa es la razón por la que el Bitcoin es actualmente y desde siempre, la mejor criptomoneda en el mercado. Hay una absoluta garantía de que nadie la controla, solo el mercado mismo, y sabemos que el mercado en general no es algo que una persona, mucho menos una institución pueda controlar.

Ahora, existen muchas plataformas, muchas páginas donde puedes comprar y vender. A continuación te daremos nuestras mejores reseñas de las que creemos son las páginas más populares para hacer trading de Bitcoin, y además, te contaremos nuestras impresiones, para que ahora que ya sabes todo sobre Bitcoin, puedas elegir la opción que más se adapte a tus gustos e intereses y puedas vender tus Bitcoins al mejor precio.

1. Binance

ESTÁ RADICADA EN CHINA, es una de las más famosas hasta ahora, tal de las de mayor renombre a nivel mundial. Aunque es relativamente nueva, es de las preferidas por la mayoría de las perdonas. Solo cobra algo así como el 0,1 % de comisiones impetras estás empezando, pero esas comisiones pueden aumentar si deseas hacer uso de todas sus bondades tecnológicas. Creemos que es una de las preferidas porque difícilmente encontraras otra tan avanzada como esta. Es una plataforma para comprar y vender casi cualquier tipo de criptomoneda, aunque sabemos que la más popular es el Bitcoin, sin embargo, hasta los momentos no hay una criptomoneda ya establecida en el mercado que no puedas comprar o vender dentro de esta plataforma. **Puedes comenzar y registrarte aquí:**

Esta plataforma además es una de las más novedosas en otros sentidos, te ofrece una amplia seguridad, lo que también le ha dado mucha fama para personas que quieran hacer trading de altas cantidades de Bitcoin. En otras palabras, si ya eres un experto puedes inclinarte por esta opción, pero si eres un principiante que aspira aprender mucho y llegar muy lejos, es decir, si eres alguien ambicioso que aspira hacer trading muy pronto a muy altas denominaciones, también te la podemos recomendar con ojos cerrados como lo hace la mayoría de sus usuarios.

1. Bittrex

Por su parte e otra plataforma ya consagrada que operas desde hace casi media década en Estados Unidos. Tiene una lata reputación por ser la única plataforma que se enfoca en lograr un objetivo en particular, estar totalmente al día con las leyes a nivel mundial. No hay una plataforma en todo el mundo que no esté tan al día de la parte legal, lo que la convierte en una de las plataformas más seguras en las cuales hacer trading. Por su parte, también se sabe que esta plataforma permite hacer trading de casi 200 tipos de Criptomonedas diferentes, lo que la hace bastante atractiva para todos los mercados, pues recordemos que aunque el Bitcoin es la más famosa a nivel mundial hay países donde operan con otros tipos de Criptomonedas, mientras que también se hace muy interesante para aquellos creadores de Criptomonedas que estén recién lanzando su marca al mercado. Tal vez por su afán en ser la plataforma más legal, es precisamente que muchas marcas de Criptomonedas especialmente las nuevas Se ven muy interesadas en inscribirse en este espacio que brinda total seguridad desde el 2014.

1. Poloniex

Al igual que la plataforma anterior, está operando desde 2014. Esta plataforma tiene la reputación, no solo de ser una de las más seguras, pues jamás han reportado ningún tipo de robo o fraude, igual que la mayoría que te traemos hoy como recomendación en este art5icuko, sino que además cobra una de las comisiones más bajas del mercado, estando entre el 0,15 y el 0,25 %, y es una de las más famosas para las nuevas marcas alternativas de Criptomonedas. Es decir, no es como la anterior, no alberga a todos los tipos de Criptomonedas, pero sí a la mayoría de las que tratan de hacerla la competencia a Bitcoin.

1. Kucoin

Es otra plataforma preferida por muchos porque ofrece varios tipos de bonos además de su comisión es muy baja. Hay acciones para las que no cobra nada en lo absoluto, y otras para las que cobra apenas el 0,1 %. Se jactan de ser además una de las más novedosas, ofreciendo una serie de ventajas a sus usuarios que si nos dedicáramos a detallaras tendríamos que hacer un capítulo aparte para solo explicarlas. Tal vez no es necesariamente la mejor para principiantes, no porque sea difícil de usar, todo lo contrario, es una de las más sencillas de manejar y donde más rápido puedes hacer trading con tus Bitcoins, lo que sucede es que ofrece tantas alternativas propias para expertos, que si no eres uno, estarías desperdiciando todo lo bueno que esta plataforma tiene para ofrecer.

1. Cryptopia

Es una plataforma muy amplia que a los que comienzan en ella les parece una especie de desierto complejo y confuso. Sin embargo, muchos usuarios confiesan que a medida que la van usando la van entendiendo más. Es compleja, ofrece muchas funciones, y es la que más Criptomonedas diferentes acepta. La cantidad de Criptomonedas que puedas comprar o vender allí es tan absurda que sobrepasa las 400, casi llegando a las 500, y cada día hay más y más Criptomonedas diferentes de las que puedes hacer trading en esta plataforma,. Además de eso, puede competir perfectamente en el mercado porque tiene una comisión mu baja de 0,20 %, y por si fuera poco, solo te pide un correo para que puedas registrarte, así que operar en ella es muy básico y sencillo. La mayoría de sus usuarios son de Europa, están radicados en Nueva Zelanda, pero han ido expandiendo su mercado a nivel mundial y hoy por hoy tienen usuarios de todas partes del mundo.

1. Bitfinex

Es otra de esas plataformas que casi que ya deberían tener el sello de ser solo para expertos. Actualmente no se puede crear una nueva cuenta en ella, y si eres un usuario inexperto, de verdad que no hay espacio para ti en ella. Sin embargo, como siempre queremos que estés lo mejor informado posible, te la mencionamos y detallamos. Al igual que la mayoría de las plataformas donde se hacen tradings de altas denominaciones, las comisiones son muy bajas. No llegan a superar el 0,20 % en comisiones, pero esto se debe a que no existe una sola plataforma en el mundo que los supere en cuanto trading de Bitcoin. Para el momento de escribir este capítulo ya se habían hecho trading que millones y millones de dólares en Bitcoin, y esta clausurado el acceso a nuevos miembros a no ser que te anotes en una lista de espera donde te irán llamando por tu experiencia en trading y tu capacidad económica. Sabemos que suena un poco o bastante elitista pero la verdad es que tiene con qué, son la plataforma con mayor renombre a la hora de hacer trading de Bitcoin, además de que ofrecen sistemas de seguridad muy exclusivos solo para expertos. Como dijimos al principio, sabemos que no es para ti en este momento, pero quién sabe si más adelante te conviertes en todo un experto e incluso llegan ellos a pedirte que te unas a su plataforma. No los descartes, aprende cada día un poco más y seguro llegaras a ser igual o hasta más experto que los usuarios comunes y frecuentes de esta plataforma.

I. Kraken

Es de las más seguras y confiables de las que operan en Estados Unidos. Tienen la ventaja de ser una plataforma radicada en San Francisco aunque por alguna razón no operan en Nueva York. Fuera de esa reza, no solo operan en todos los demás estados sino que también controlan gran parte del mercado de Europa y también han logrado llegar Canadá. Ofrecen beneficios interesantes en los que mientras más altas sean tus transacciones, más bajas serán las comisiones que te cobrarán. Es de ese tipo de plataformas para experimentados, se sabe que son la que más Bitcoin vende o compra en medio de Euros, y se sabe también que solo hacen trading de Criptomonedas, entre ellas muchas otras que no son solo Bitcoin, sino que además es una plataforma para comprar Euros o dólares si es eso lo que estás buscando. También tienen la reputación des ser una de las más seguras porque ofrece un sistema doble de autentificación antes de comiences a usar tu cuenta, es decir desde el inicio de sesión, así como también tiene un segundo sistema de seguridad que se amplifica a medida que vas usando tu cuenta y realizando tuis operaciones.

I. Huobi

Es la más tecnológica de todas las plataformas asiáticas, Ellos operan desde china desde hace varios años, son muy novedosos y ofrece a disposición de sus usuarios muchos gráficos interesantes que son muy útiles, los cuales son proporcionados por tradingview, por lo que es una plataforma perfecta para hacer trading a gran escala, algo así como las otras que te hemos dicho que son más que todo para expertos, solo que esta a su vez, además de ser muy segura y novedosa, es bastante visual y atractiva para aquellas personas que necesitan estar monitoreando constantemente los números al momento de hacer sus transacciones. Por otro lado tienen también podemos y debemos decirte que so tal vez la única que se encuentra realmente blindada contra casi tofo tipo de ataque cibernéticos, por lo que es la preferida por aquellas personas que tengan un alto sentido de la seguridad, recomendada para quienes crean que resguardar su dinero de la mejor manera posible es algo mucho más allá de la paranoias.

1. Okex

Es la plataforma con la comisión más baja en el mercado, nadie les ganará en eso, jamás. Sabemos que el promedio normal oscila entre los 0,20 y 0,30 5, pero esta plataforma cobra apenas el 0,03 %, algo que parece absurdo, pero que es tan cierto como el hecho de que son una plataforma muy segura. A muchos usuarios, especialmente a los más expertos y novedosos, o acostumbrados la tecnología y sus bondades, les parece raro usar una plataforma de escritorio, pero este tipo de software pueden ser interesante a la hora de hablar de seguridad, son de fácil instalaciones, no toman demasiado tiempo, y son una alternativa si quieren probar algo distinto que te saldrá realmente mucho más económico que el resto, es decir que la competencia.

1. Liqui

Por su parte es una plataforma de Exchange donde puedes no solo comprar y vender tus Bitcoins sino otros tipos de Criptomonedas, con la interesante función de que también puedes abrir una cuenta de ahorros en la que generarás un 24 % de intereses anuales. Ese número tan elevado despertó nuestra curiosidad, por lo que consultamos con varios usuarios y resulto que era cierto, nadie se ha quejado de fraude ni de estafa en ese sentido, por lo que podríamos recomendar, sin embargo, también supimos que son una plataforma que no se encuentra regulada, por lo que muchas personas podrían desconfiar, pero la verdad es que caso ninguna otra plataforma de trading o de Exchange, son reguladas, y recuerda que precisamente allí radica lo particular e interesante tanto del Bitcoin como el resto de la Criptomonedas en general que no son controladas por ningún organismo ni ningún gobierno.

Bitmex

Es una plataforma de Exchange que no podíamos dejar por fuera porque además de ofrecerte servicios de trading como todas las anteriores,. Puedes además hacer apuestas interesantes acerca de si el Bitcoin va a subir o bajar. Es decir, es como jugar a la bolsa de valores. Ganas si inviertes en una moneda cuyo valor sube, pero al mismo tiempo es una casa de apuesta tipo casino en el que si logras pronosticar y acertar en ese sentido, puedes duplicar y hasta triplicar tus ganancias, de acuerdo a cuanto apuestes.

Ahora, dentro de este tipo de esta página existe una cosa llamada apalancamiento, lo cual puede ser muy riesgoso a la hora de invertir en Bitcoin o en cualquier otra criptomoneda. Pero por otro lado, debemos informarte que el apalancamiento no es más que una especie de ayuda financiera, es decir, el apalancamiento se da cuando un inversionista desea aumentar su capital y lo hace a través de un préstamo el cual es realizado por el Exchange, pero no lo hace de forma gratuita, sino que obviamente cobra una comisión por ello.

Las desventajas del apalancamiento, es que puedes pedir o solicitar ese préstamo confiando en que la criptomoneda en la que vas a invertir, va a subir de valor. Si pides ese préstamo y pasa lo contrario, tu igual deberás pagar ese préstamo en el tiempo acordado, por lo que es un gran riesgo. Esto no es algo que te recomendemos por los momento si eres principiante, pero una vez que ya estés familiarizado con todo esto y si seguramente te dedicas de lleno a hacer trading de Bitcoin o alguna otra criptomoneda en general, te recomendamos hacerlo porque sin duda tiene beneficios, pero también te advertimos

que debes ser cauteloso en extremo y estar consciente de las consecuencias que puede tener el flujo del mercado en este tipo de
fenómenos.

También debemos hablarte de lo que es el scalping como un
método o estrategia de trading. Esto es algo que puedes hacer utilizando de manera ágil e ingeniosa los datos que te ofrece tradingview.
Tradingview es una página que de manera gratuita te ofrece echarle
una mirada al mercado, allí podrás saber el valor que tiene cada
activo, entre ellos puede reflejarse el precio del Bitcoin en dólares. Si
estas constantemente monitoreando al Bitcoin en esa página, podrás
saber cuándo ha comenzado a bajar, lo que indica que ese es el
momento preciso para comenzar a comprar, pero solo debes hacerlo
por muy corto plazo, como indica la estrategia del scalping, que se
trata de eso, de comprar al mejor precio por un rato muy breve, para
luego comenzar a vender, también por un lapso breve, mientras el
activo se mantiene subiendo, incluso algunos expertos recomiendan
que no debe hacerse mientras esté subiendo, sino cuan hayamos
observado que ha alcanzado su punto más alto, ese que sabemos que
ya no superará tan fácilmente y que indica que ya está cerca el
momento de comenzar a bajar.

De esta manera, creemos que hemos dejado bastante claro que
existen muchas plataformas para hacer trading, todas muy variadas,
muy diferentes unas de otras, y que hemos puesto a tu disposición
toda la información que necesitas para comenzar a hacer trading. Ya
sabes cómo obtener Bitcoin, ya conoces los lugares para elegir un
sitio donde guardarlo, e incluso ya sabes cómo adquirir más para
luego vender, jugando con su valor en el mercado. Creemos que es
momento de dar el siguiente paso que te hemos preparado en el
siguiente capítulo.

9

MINAR BITCOIN ¿DE QUÉ SE TRATA?

C omo ya te hemos explicado casi todas las formas de hacer transacciones de Bitcoin, es momento de que te hablemos de la única donde no tienes que pagar por Bitcoin pero tampoco tendrás que hacer ninguna tarea para obtenerlos. Te parecerá muy extraño, pero resulta que sí se puede, sí es posible que obtengas Bitcoin sin comprarlos y sin esforzarte por tenerlos, dejando que sean computadoras y programas especializados quienes lo hagan por ti.

Para que puedas entender esto de manera sencilla, es importante que recuerdes lo que te contábamos en los primeros capítulos donde te hablábamos de lo importante de las transacciones de Bitcoin y de las cadenas de bloques. Recuerda que las cadenas de bloques son como una especie de libro de contaduría donde se registran todas las transacciones que hacen las personas de una a otra en compra y venta de Bitcoin. Bueno, resulta que esas transacciones utilizan un número de Hash que es muy importante, que es lo que se conoce como el hash rate a la hora de minar Bitcoin.

La minería de Bitcoin lo que hace es descifrar los algoritmos hasta dar con esos hash que son muy valiosos e importantes, allí es donde radica lo importante de que el hash rate suba, porque mientras más suba, más valor tiene.

Resulta que el misterioso creador de los Bitcoin, de alguna manera y para usar un término que permita que esta explicación sea más gráfica y fácil de entender escondió o enterró 21 millones de Bitcoins en la red. Esos 21 millones Bitcoin puede salir a la luz pública si son minados, o sea, descubiertos por mineros. Resulta que no es necesariamente que los vas a encontrar, sino que si logras minar y resolver los algoritmos correspondientes, podrás ganarte alguno de esos Bitcoin a manera de premio por haber contribuido en la construcción de las cadenas de bloques.

Para resumirte el cuento y no enredarte más, hay maneras en las que puedes minar esos Bitcoins y ganártelos sin sudar un solo segundo. ¿Cómo se hace eso? Bueno, primero debes tener una serie de equipos aptos para eso, recordando que mientras más equipos tengas, más oportunidades tendrás de minar Bitcoin. Por otro lado, es importante que sepas que no basta con tener equipos aptos para ello, sino que también necesitarás contar con los programas que son para ello. De esa manera, teniendo las computadoras y los programas para Minar Bitcoin, lo que necesitarás es tener un buen internet, un cuarto con una temperatura adecuada para que los equipos no se recalienten, y un sistema eléctrico estable que no falle y que estés dispuesto a pagar, pues varias computadoras minando Bitcoins al mismo tiempo es algo que consumirá mucha energía eléctrica y la factura te puede salir un poco elevada.

Teniendo todas esas especificaciones que te hemos señalado anteriormente, podrás entender que no necesitas mover un dedo para minar Bitcoin porque la tecnología y los servicios harán todo el trabajo por ti.

A continuación te ofrecemos información acerca de cuáles son los equipos más interesantes que puedes adquirir para minar Bitcoin, así como también luego te diremos cuáles son los mejores programas para hacerlo, por si decides adentrarte en el maravilloso e interesante mundo de la minería de Bitcoin.

Avalon6 es tal vez el de mayor poder, por lo tanto muchos usuarios lo recomiendan. No solo es el que tiene más fuerza sino que además posee un rango de velocidad muy interesante en comparación con las otras dos opciones que te mencionaremos después de esta. Sin embargo, paradójicamente es el de menor capacidad, es decir, tiene mucha fuerza pero no podrás minar demasiado con un solo equipo de estos. De hecho, en realidad un solo equipo, sea el que sea, no te servirá demasiado. Lo ideal es que puedas poner a funcionar varios al mismo tiempo. Con este, a diferencia de otros, no podrás minar más Bitcoin pero si podrás hacerlo en menos tiempo.

AntminerS7 es un equipo ordenador con menos fuerza pero con mucha más capacidad, por lo que la minería con él puede ser más lenta, pero al mismo tiempo puedes llegar a alcanzar niveles interesantes de minería de Bitcoin.

AntminerS9 es el perfecto si deseas aumentar a niveles muy elevados, tu capacidad de minar Bitcoin. Es algo así como el anterior pero en una versión mejorada lista para poner a prueba tus límites.

Ahora, es momento de hablarte de los que pensamos son los mejores programas para minar Bitcoin, para que si ya has adquirido tu ordenador para ello, solo te quede elegir una de estas opciones y puedas empezar a minar tus propio Bitcoin sin sudar una sola gota.

Miner gate es el perfecto para novatos, según lo dicen sus usuarios y hasta sus propios creadores, especialmente por tiene muy sencillas instrucciones de uso, fácil de programar, y tiene funciones inteligentes en las que él pos sí solo, no solamente se encarga de minar sino también de seleccionar la criptomoneda, porque además de Bitcoin, con el él puedes minar Dash, Ethereum, entre otros.

CG miner es uno de los más recomendados por los expertos, tiene funciones interesantes, es compatible con casi todos los sistemas operativos y muy útil a la hora de dejar al ordenador haciendo todo por ti. Una de las desventajas es que al no tener ventana de segundo plano, puede ser un poco complicado su uso si no eres del todo un experto.

50 Miner es tal vez el más interesante dentro de los que tiene esa rara característica de ser varios en uno. Es decir, te ofrece diferentes programas y tú eliges cuál usarás según la moneda que estés minando o las características propias de la minería, incluyendo tus objetivos e intenciones.

Diablo miner es un programa que puede darte miedo más que por su nombre. De verdad es muy avanzado, es compatible con las tarjetas gráficas más avanzadas, es decir, es perfecto para minar Bitcoin al más alto nivel, pero si no tienes años de experiencia en esto, más bien será una pérdida de dinero y tiempo para ti porque te resultara confuso y hasta un poco estresante.

Awesome miner es nuestro último software en la lista, es el único que solo función con Windows, al menos de los que somos capaces de recomendar. Tiene una función interesante de control remoto, lo que te permite monitorearlo a distancia sin necesidad de preocuparte demasiado pro no estar cerca de él.

Ahora que ya conoces todo lo básico para minar, puedes comenzar a hacerlo. Ya no hay excusas, al menos no en conocimiento. Ya solo te queda dedicarte a invertir algo de dinero en equipos y luego programarlos, porque la verdad es que no deberás esforzarte demasiado ni tampoco gastar mucho tiempo, pues lo maravilloso de minar Bitcoin es que los equipos y los programas realizan todo por ti.

10

LAS ALTCOINS Y CUALES PUEDEN HACERTE RICO EN EL 2019

Ya te hemos explicado durante todos los capítulos anteriores, de qué trata el Bitcoin. Te hemos puesto a disposición, todo lo que necesitas saber para entender el Bitcoin, desde cómo tenerlo, hasta cómo almacenarlo, incluyendo detalles muy importantes acerca de cómo adquirirlo, cuáles son las mejores plataformas para hacer trading, y toda una serie de conocimientos que son muy importantes y que necesitas a la hora de poder hacer transacciones con esa famosa criptomoneda.

Ahora, la existencia de Bitcoin en el mercado, y todo el fenómeno que ha generado como criptomoneda, ha causado que exista un gran interés por nuevas Criptomonedas. Bitcoin fue la primera, la punta de lanza, la primera que salió al mercado por allá en 2009, casi una década atrás. Ahora, todas las otras casi mil Criptomonedas diferentes que existen, han surgido siguiendo los pasos de la que es la pionera dentro de este mundo de monedas encriptadas.

Lo interesante de esto, y lo que tal vez ha causado todo este boom, es que Bitcoin es una realidad, no es un fraude, ni mucho menos una cosa tirada de los cabellos. Bitcoin llegó para quedarse, y la máxima prueba no es tanto el alto valor que ha adquirido en el mercado en comparación con el dólar como moneda tal vez más importante a nivel mundial, sino que incluso se ha convertido en un medio de pago muy bien establecido.

Las altcoins no son más que monedas alternativas, otras monedas que han surgido con la esperanza de igualar o incluso superar a Bitcoin. Esto es maravilloso porque legitima el mercado y hace que se entienda aún más la importancia de Bitcoin. Al principio se creía que Bitcoin podía ser una especie de fraude, una trampa para dominar el mercado, para acaparar todo lo que se trate de Criptomonedas, pero precisamente su libertad en el mercado es lo que ha hecho que existan otras como las que ya se conocen hoy día, entre ellas Litecoin, Ethereum, Dash, y muchas otras más

Así como surgen esas Criptomonedas esperando convertirse en algo parecido a Bitcoin, cada vez son más las personas interesadas en esas nuevas Criptomonedas a ver si corren con la misma suerte de los early adopters de Bitcoin. Es decir, su sueño es invertir en una cripto-moneda nueva, de bajo valor, que dentro de unos años se dispare y valga tanto o más que la famosa Bitcoin para que la vida les cambie y puedan volverse millonarios.

Actualmente existen muchísimas altcoins, algunas incluso con nombres tan extraños que no nos atreveremos a mencionarlas, pero así mismo también existen varias que apuntan a dispararse más adelante.

En este capítulo trataremos de mostrarte todo lo que necesites saber sobre algunas en específico, por si luego de volverte experto en Bitcoin decides invertir en alguna de ellas. Como ya sabes, desde el primer capítulo te hemos dicho que ninguna otra criptomoneda ha alcanzado los niveles de Bitcoin, pero cada vez son más y más los genios informáticos que se van asociando con personas expertas en economía y en marketing, y es muy probable que más temprano que tarde termine surg8endo una nueva criptomoneda que llegue igual o hasta más lejos.

Ya existen de hecho algunas altcoins que han llegado bastante lejos, como Ethereum, por ejemplo. Solo que por ahora vemos muy difícil que logren imitar la genialidad del sistema de pago p2p y las cadenas de bloques.

Pudiéramos dedicar un libro entero a solamente hablarte de todas las altcoins que existen, pero no tendría sentido. Por ello solo te hablaremos que las que aparentemente pueden hacerte millonario antes de que termine 2018, o por lo menos se cree que ya para 2019 su valor se habrá disparado de manera interesante en el mercado.

1. MIOTA (Iota)

Es una criptomoneda nueva, una altcoin mas, igual que el resto de las que te vamos a detallar en este capítulo. Está en específico fue creada en 2015 y es una de las más comentadas, muchos de los que han invertido en ella hasta los momentos son pequeñas empresas de medianos emprendedores, y algunos operadores tecnológicos que ya la están utilizando como medio de pago.

La principal razón que la convierte en una altcoin atractiva es el hecho de que todas las transacciones que se realicen en su cadena de bloques única, serán totalmente gratuitas, o al menos por el momento lo son. Esto la hace realmente atractiva para el mercado, y por ende parece ser una interesante altcoin para invertir en ella.

1. XRP (Ripple)

Esta es una altcoin que ya ha comenzado a disparar su valor, solo que hasta los momentos no lo ha hecho a un ritmo vertiginoso como ya lo hizo Bitcoin en su momento. Sin embargo, te podemos decir en 2017 disparó su valor en casi un 300 %, por lo que pensamos que es una buena altcoin para invertir, al mismo tiempo que sabemos que ya van más de 100 bancos que la han adaptado a su cadena de bloques.

1. 0x (ZRX)

Es una altcoin de las más novedosas, de las que no se sabe demasiado, sin embargo sabemos que existe desde 2017 y que sus criptoactivos fueron distribuidos entre sus socios y gastos operacionales, una gran parte, saliendo al mercado apenas un poco más de la mitad.

Lo que la convierte en una altcoin bastante interesante, es que combina las dos modalidades, es decir, la parte centralizada, y la parte descentralizada. Te ofrece lo mejor de los dos mundos, por lo que no nos extrañaría que en los próximos meses sean cada vez más y más las personas que vayan invirtiendo en ella si logran desarrollar una gran campaña que los catapulte en el mercado y haga que se terminen de consagrar.

1. Golem (GNT)

Es otra de las más nuevas, relativamente hablando. Tiene el gran atractivo de funcionar de manera descentralizada y parece ser muy buena opción para corporativos tecnológicos, y se dice, por ejemplo, que puede servir de moneda de pago para cuestiones avanzadas de compañías muy grandes que necesitan pagar servicios de animación, como por ejemplo, Píxar, entre tantas otras opciones.

Se sabe que hasta ahora es una criptomoneda o altcoin que ha aumentado su valor hasta los momentos en un 15 %, lo que no necesariamente es un número muy alto al lado de sus pares, pero hay varias razones para pensar que está por crecer en el mercado.

Así como estas cuatro altcoins que te acabamos de describir, hay alrededor de casi mil Criptomonedas más. Todas tratando de igualar a Bitcoin o por lo menos de imitar sus niveles de éxito.

Ya conoces la historia de los earlyadopters, de esas personas que invirtieron temprano en Bitcoin cuando nadie conocía esa criptomoneda, cuando tos dudaban, cuando casi todo mundo incluso creía que si bien no necesariamente era un fraude, por lo menos sería un fracaso, que no lograría todo lo que se decía de ella, pero resultó que su creador las cosas a un nivel elevado, y ya ves, las consecuencias no pueden ser llamadas de esa manera porque sonaría catastrófico. Termina siendo más conveniente, justo y acertado, llamarle resultados a todo lo positivo que Bitcoin ha alcanzado.

Invertir en Altcoin para lo que resta de 2018 puede ser una

manera interesante de comenzar a ver ganancias para 2019, o quizás un poco más adelante. Si deseas invertir en Altcoins no deberías hacerlo esperando que tus acciones se multipliquen y te hagan millonario de un día para otro.

Recuerda que esas personas que se hicieron ricas invirtiendo en Bitcoin, lograron ver la multiplicación de sus activos, varios meses o incluso hasta años después de haber depositado su dinero y su confianza en Bitcoin. Con estas altcoin seguramente será igual, sin embargo, esos cuatro ejemplos que te mencionamos en este penúltimo capítulo, fueron los seleccionados de manera estudiada porque según las proyecciones son las altcoin que apuntan a disparar su valor muy pronto en el mercado.

La prueba de que sí hay Criptomonedas que pueden alcanzar esos valores es que ya hay algunas que lo han hecho, entre ellas Ethereum, Litecoin, y una que otra que se acerca a niveles interesantes aunque todavía están muy lejos del propio Ethereum, y por lo tanto ni hablar de la distancia que las separa de Bitcoin.

Hay que decirlo, Bitcoin parece inalcanzable, parece un gigante al que muy difícilmente alguna altcoin pueda alcanzar. Es tan así, que gracias a que Bitcoin es la criptomoneda consagrada por excelencia, además de haber sido la primera, es decir, son pioneros en el mercado; han creado el fenómeno de tener que crear un término nuevo para las otras Criptomonedas emergentes y por ello es que este capítulo y el mundo entero habla de esas otras monedas como lo que son, una alternativa a lo que ya existe.

Invertir en Altcoin no es, por otro lado, algo que debas hacer a la ligera. Para eso te mostramos todas estas opciones, y también te acaramos que hay muchas otras. Se han contabilizado hasta más de 400 Criptomonedas diferentes que puedes comprar dentro de una sola página. Hay páginas de Exchange que se dedican a solo hacer trading de las más populares, pero como ya te explicamos en capítulos anteriores, las hay que manejan casi todas las altcoins del mercado. Esto se hace con la intención que se tenga en cada página, en cada plataforma.

Así como en otros capítulos te mostramos todas las plataformas para hacer trading de Bitcoin, en este capítulo tuvimos la intención de darte a conocer apenas algunas de las opciones que el mercado te ofrece para este año y el próximo si decides animarte a invertir en alguna altcoin. Recuerda que este camino de invertir en Criptomonedas es algo que puede dar muy buenos dividendos a largo plazo cuando se trata de altcoins nuevas, de esas que aún no han explotado pero que se supone están por hacerlo.

Es cierto que hay cientos de altcoins que aún no lo han hecho y probablemente nunca lo hagan, por ello es que no hemos dedicado demasiados esfuerzos en hablarte de otras altcoins en las que incluso ni siquiera confiamos. Y no confiamos en ellas, no porque pensemos que sean un fraude, aunque tampoco tenemos prueba de lo contrario, sino que simplemente no están dentro de la palestra de lo que mencionan los expertos en economía y corporaciones tecnológicas. No debes olvidar que todas estas altcoins son algo realmente moderno y apuntan hacia un nuevo mundo en el que el dinero en efectivo se convierta en algo obsoleto, una cosa del pasado, una fuente arcaica de comercio y de contribuir a una economía que quizás llegará un momento en el que ya no existirá más, porque todo habrá cambiado para mejor, mutando hacia nuevas tendencias, cada vez más cómodas, cada vez mejores pensadas incluso en temas de ecología.

Cuando decimos que las altcoins, así como el propio Bitcoin también, apuntan a cuestiones ecológicos, lo decimos porque sabemos que el mundo va en decadencia, cada vez la tala de árboles y el deterioro de la capa de ozono es mayor, entonces hacer trading, hacer todo tipo de pagos y transacciones comerciales de manera electrónica, haciendo innecesario el papel moneda, puede ser una alternativa para que no solo el comercio sino muchas otras cosas importantes en la vida terminen de mudarse a la 2.0 y comience de una vez por todas una nueva era en la que ya no haga falta imprimir papel y por ende los árboles puedan crecer y florecer en paz.

No queremos parecer hippies, no queremos ser fanático ambientalistas, solo te estamos mencionando apenas una de las bondades por las que las altcoins y todas las Criptomonedas en general, son mucho más que una alternativa al Bitcoin. Todas estas monedas encriptadas hacen o pueden llegar a hacer que sea innecesario imprimir facturas, gastar papeles y papeles, millones de ellos en libros contables y cosas por el estilo.

Entonces, si de algún modo podemos ayudar a darte luces a la hora de invertir tu dinero, nos gusta y nos sentimos muy complacidos de que así sea, y de que aprendas todo lo que necesitas saber sobre las Criptomonedas en general, pero muy especialmente sobre el Bitcoin.

Queremos cerrar este capítulo recordándote varias cosas que te hemos mencionado en otros apartados de este mismo libro: las Criptomonedas no solo han venido para quedarse y Bitcoin es la prueba de ello, sino que existen para instaurarse en una nuevo modelo de mercado, y la existencia de tantas alternativas como todas esas casi mil altcoins que operan desde ay en el mercado y que apuntan a multiplicarse día tras día, no son más que una evidencia de que el mercado necesita ser libre, el mercado quiere dejarse de intermediarios y apuntar hacia otra cosa, hacia algo diferente.

Las altcoins son la prueba, no solo de que el Bitcoin tiene razón en apostar a nuevo mercado, que además demuestra que no tiene las intenciones de apoderarse por sí solo de toda la industria, porque por algo pueden existir las demás. La fórmula está allí, solo deben saber aplicarla para que migremos de una vez por toda nuevo sistema, a nuevo modelo de mercado en el que los bancos dejarán de ser algo tan poderoso, para pasar a ser lo que realmente deben ser, un servicio por el cual pagamos solo si realmente lo deseamos y necesitamos, y por fin entender que son ellos los que dependen de nosotros, y no viceversa como nos han hecho creer durante todo este tiempo.

Queremos aclarar que no tenemos nada en contra de los sistemas comunes y regulares que ya existen y que operan desde hace tanto tiempo, pero las altcoin representan una especie de revolución cibernética que viene a rescatar a las perdonas de las creencias equivocadas, de un mundo donde no hay una verdadera libertad de negocio algunas veces y donde existen cada vez más riesgos de ser víctimas de ataques cibernéticos y robos electrónicos.

En ese último sentido podemos acotar que las altcoins son mucho más que una alternativa al Bitcoin, son una alternativa realmente a los modelos ya operantes en el mercado que día a día nos dan más argumentos para querer prescindir de ellos, y cuando se eso se trata, las altcoin representan mucho más que una simple opción.

Ahora, si bien es cierto que si quieres invertir en Criptomonedas para hacerte rico como lo hicieron los earlyadopters de Bitcoin, debes hacerlo invirtiendo en las altcoins, en esas Criptomonedas que apenas están saliendo al mercado y que podrían llegar a multiplicar su valor de manera increíble como ya lo hizo Bitcoin, en el próximo capítulo te hablaremos de cómo y porqué Bitcoin sigue siendo una interesante alternativa para invertir a pesar de tener un valor muy alto n este momento, y de cómo ese valor elevado que posee a estas alturas puede significar nada con el que muy probablemente alcanzará en los días por venir.

No te pierdas el fascinante final de este libro, que aún queda un capítulo más para develarte cómo es que el Bitcoin todavía es una alternativa para hacer de ti una persona exitosa y multimillonaria.

11

¿PORQUE DEBES COMENZAR AHORA MISMO?

A lo largo de los nueve capítulos anteriores te hemos mostrado todo lo que necesitas saber sobre Bitcoin y las Criptomonedas en general poniendo a tus servicios un conocimiento que sabemos puede ser tan útil como enriquecedor si sabes usarlo para el beneficio propio y de quienes te rodean, porque lo más importante del conocimiento es saber sacarle provecho para cosas positivas, cosas que puedan aportar a la humanidad, y sabemos que si eres una persona que llega a invertir su dinero de manera acertada y logra multiplicarlo, seguramente también harás grandes esfuerzos por ayudar a otros a que lleguen hasta donde tú habrás llegado, para que cada día haya más personas exitosas y el mundo de las Criptomonedas, que ha venido para quedarse, sea apenas un puente entre la nueva era de las tecnologías y el bienestar de las personas.

Ahora que ya no solo conoces todo sobre Bitcoin sino que además también sabes que existen muchas otras Criptomonedas en las cuales pues invertir, es momento de hablarte porqué a pesar de que Bitcoin tiene un valor elevado, puede ser apenas un decimar del valor que puede llegar a alcanzar dentro de los próximos diez años.

No te vamos a mentir, lo que te vamos a explicar en este capítulo es un asunto a largo plazo, no te hablaremos, como tampoco lo hemos hecho en ningún capítulo de este libro, sobre volverte millonario de un día para otro. Lo que sí te hemos dicho es que con cosas como el trading y el scalping dentro del mundo de la compra y venta de Criptomonedas, tú puedes invertir un día y duplicar y hasta triplicar tus ganancias muy rápidamente, y te lo hemos demostrado con hechos, con ejemplos reales, con fórmulas y estrategias e cómo compra y vender criptoactivos en las mejores plataformas donde no solo pueden comprar a buenos precios y vender a precios todavía más convenientes, sino que además te hemos mostrado toda una variedad de fuentes para obtener ganancias a través de intereses al mantener tus Bitcoins o altcoins dentro de plataformas que te premian por fidelidad y que incluso te otorgan un porcentaje de sus ganancias si los refieres a tus amigos y conocidos, y eso pasa porque así opera este negocio, este nuevo mundo de monedas virtuales libres de intermediarios donde todos los que participemos podemos ganar algo, especialmente os ue invertimos el dinero, porque a eso apuntan las Criptomonedas y los espacios donde se puede hacer trading por ellas, a que sean los verdaderos inversionistas los que tengan el poder, a que sean los que trabajaron por obtener esas ganancias, los que realmente las vean reflejadas en sus cuentas y en su estilo de vida, adquiriendo bienes que necesitan, bienes que quieren, y dándoles a sus seres queridos lo que merecen y necesitan.

Pues bien, resulta que en una de los capítulos anteriores te dijimos que el Bitcoin apunta a extinguirse, es limitado, no es como otras monedas regulares donde un banco central o algún organismo imprime cuantos billetes hagan falta. Resulta que los Bitcoin son limitados, solo existe una cantidad específica que hemos visto en la red, además de las que ya están en los monederos o billeteras electrónicas de quienes ya los poseen.

Recuerda algo, tú puedes hacer trading de Bitcoin con los que ya están en poder de alguien, incluyéndote a ti mismo, es decir, que esos Bitcoins que se compran y se venden como pan caliente en las plataformas o incluso de manera directa entre usuarios a través de las cadenas de bloques que muy detalladamente te hemos explicado a lo largo de otros capítulos, pero también hay una cantidad interesante que está enterrada en la red.

No olvides que su creador, el genio que inventó no solo el Bitcoin sino todas sus maneras de hacer transacciones seguras con él, enterró o escondió en la internet una cantidad que se dice es de 21.000.000 de Bitcoin que aún no tienen dueño, y esos son los Bitcoin a los que se puede acceder a través de la minería de Bitcoin, ese proceso complejo del que ya te explicamos gran parte, y que a su vez es tan especializado que realmente no se puede ejecutar por la mano del hombre sino que hay que comprar ordenadores realmente inteligentes para que hagan el trabajo de descifrar algoritmos hasta llegar a tener el poder de descubrir y ganar esos Bitcoins a manera de premio y ganarlos y hacerlos tuyos para que luego puedas hace con ellos lo que quieras, incluyendo venderlos, si eso deseas.

Lo interesante de ese detalle es que se presume que una vez que todos esos Bitcoins sean minados, ya no existan más Bitcoins, es decir, que ya no habrá la esperanza de obtenerlos por otros medios que no sean comprándolos. Algunos lo llaman obsolescencia programada, el creador fue lo suficientemente inteligente para crear algo que sabe que en algún momento se acabará, ya no habrá nuevos Bitcoins, y a al mercado ya todas las personas que operen con Bitcoin n les quedara de otra que comprar Bitcoin a aquellas personas que los hayan conservado ahorrados durante todo este tiempo que se estima será aproximadamente una década lo que tardaran en descubrir a través de la minería a todos esos Bitcoin que todavía no tienen dueño y que se encuentran bajo la mugre de la internet, enterrados en algún lugar esperando a ser descubiertos.

Se cree entonces que el valor actual del Bitcoin no es nada en comparación con el que llegará a alcanzar aproximadamente dentro de una década, cuando ya no haya nuevos Bitcoins por ser descubiertos y cuando el Bitcoin ya esté tan muy bien instaurado en el mercado que sea imposible prescindir de él, por lo que de algún modo se desatará un caos que hará que las corporaciones, especialmente las más grandes que trabajan con él, tengan que correr y recurrir a las grandes plataformas, pero no solo a ellas para adquirir nuevos Bitcoins y así no interrumpir sus operaciones, sino que incluso personas comunes y corrientes que hayan conservado Bitcoin durante todo ese tiempo, pasarán a tener en sus manos algo muy valioso, algo casi que en especie de extinción, y ya sabemos que las cosas escasas y que al mismo tiempo son muy necesarias, llegan a tener un nivel de demanda tan grande que su valor se dispara de maneras casi astronómicas.

Se espera que por los próximos años, el valor del Bitcoin siga bajando, como has ahora lo ha estado haciendo, pero todo eso obedece a una ley natural y normal de oferta y demanda. Por los momentos hay bastante Bitcoin en el mercado y por lo tanto su valor puede disminuir, de hecho, estamos llegando a un punto en el que cada vez hay más Bitcoin que personas necesitándolo, y eso se debe a que ya paso el boom en el que las perdonas invirtieron de manera frenética en el Bitcoin, y por lo tanto, hay ocasiones donde hay más gente vendiendo que comprando el Bitcoin.

Pero como te decimos en párrafos anteriores y como lo hemos mantenido a lo largo de todo este libro en todos los capítulos anteriores, el Bitcoin es una moneda que tiende a fluctuar con el mercado, y así como en este momento su demanda ha bajado un poco, sabemos que llegara un momento en el que va a subir de manera casi desmesurada, y por lo tanto, si la oferta no logra cubrir esa demanda, el valor del Bitcoin no solo se disparara de nuevo, sino que alcanzar niveles nunca antes vistos y todas las personas que posean Bitcoin podrán declarare millonarios una vez que los vendan porque su valor se elevara de tal manera que alcanzar un precio en el mercado demasiado alto y todo el que quiera Bitcoin tendrá que pagarlo, y todo el que tenga Bitcoin podrá cobrar mucho por esos criptoactivos que posee y así seguramente podrá resolver su vida y las de sus generaciones futuras a través de una depreciación de mercado en la que obtendrá todos los beneficios de una economía interesante y compleja que apunta a ser la mejor de la nueva era mundial.

Ahora, como te hemos dicho en todo este libro que con dedicación hemos escrito para poder ofrecerte toda la información que necesitas para saber sobre el Bitcoin y las altcoins y así poder tomar decisiones importantes sobre tu economía, los earlyadopters (como se les llama a las primeras personas que se atreven a invertir en un producto nuevo) de las Criptomonedas hoy en día son millonarios gracias al Bitcoin. Estamos hablando de personas que invirtieron muy poco dinero por allá en 2009 y que hoy poseen una fortuna.

Sabiendo eso que te acabamos de recordar, nos preguntamos qué pasaría si invertimos en Bitcoin y dentro de diez años se repite la historia y los que hayamos depositado nuestro dinero en esa criptomoneda pasemos a ser multimillonarios acaudalados que además podremos ingresas de manera poderosa en la industria, porque eso último es un detalle del que hasta ahora no te hemos hablado.

No solo podemos llegar a ser multimillonarios gracias a haber sabido invertir en algo que luego aumente su valor de maneras inesperadas y al mismo tiempo muy elevadas, sino que podemos también llegar a ser parte importante de esa industria, porque si no solo nos dedicamos ahorrar y vender, sino que nos convertimos en grandes inversionistas, en personas importantes dentro de todo este mundo de las Criptomonedas, y si alcanzamos todo eso, podemos no solo ser millonarios sino también personas importantes y famosas en la economía mundial.

En todos los capítulos anteriores hemos dedicado algunas palabras a recordarte lo importante del conocimiento, y en este capítulo, a manera de conclusión, es necesario que claro que creemos que el conocimiento es parte vital de la vida y del éxito de las perdonas. Aquellas personas que se preocupan por aprender cada día un poco más, logran convertirse en expertos que no solo pueden llegar muy lejos y hacer mucho dinero, sino que pueden influir e impactar de manera positiva en la vida de otras personas.

Si de algún modo este libro contribuye a despertar ti interese por Bitcoin y eso te lleva a aprender más y más y te conviertes en todo un experto, nos sentiremos muy orgulloso de tus avances porque sabemos que habrás adquirido herramientas que pondrás a disposición de otras personas para que solo también lleguen muy lejos y puedan igual de exitosos que tú. Eso es lo interesante de este tipo de fenómenos y de este tipo de iniciativas, que apuntan hacia un beneficio común, hacia el logro de expectativas que tal vez otras personas jamás creerían porque de eso se trata esto, de creer.

Los creadores de Bitcoin creyeron, los creadores de las altcoins que ya se están consagrando en el mercado también creyeron, y no solo en ellos mismos, sino que también creyeron en otros emprendedores, porque para haber desarrollado una altcoin es porque primero creyeron en Bitcoin y se dieron cuenta de que todo era una realidad, y no un fraude como muchos otros llegaron a pensar en algún momento.

Entonces, así seas un empresario pequeño, así seas quizás una persona común y corriente que aún no ha emprendido su propio negocio, todos desde el fondo de nuestro corazón y desde los más positivos sentimientos que mueven estas letras y que hacen posible este libro, te decimos que el momento es ahora, que quizás no debas esperar más porque puede que para luego sea demasiado tarde. Es momento de invertir, y esa inversión no tiene por qué ser una suma grande de dinero, de hecho no tiene por qué ser dinero como tal. Gracias todo lo que hemos descubierto y plasmado en este libro, gracias a todo lo que hemos leído y escrito para ti, sabemos que hay maneras de adquirir Bitcoins sin invertir un solo centavo, y luego esos Bitcoins los puedes empezar a multiplicar invirtiendo de manera acertada, haciendo trading, haciendo scalping, y luego incluso ese dinero se puede multiplicar todavía más si lo invertimos en altcoins que luego pueden llegan a aumentar su valor de maneras muy elevadas.

Pero nada de eso es posible si no invertimos primero que nada tiempo y esfuerzo en aprender, porque l mejores trading no los hacen personas que no saben cómo hacerlo de manera exitosa, lo mismo sucede con el scalping y otras tantas estrategias y técnicas de multiplicar el dinero. Todo es cuestión de aprender cada día un poco más y hacer las cosas de manera positiva, porque como ya te hemos dicho en reiteradas oportunidades, si todo el conocimiento te conduce al éxito, está muy bien, pero si sabes multiplicar no solo tu dinero sino también tu conocimiento, y sabes ayudar a otras personas a llegar tan lejos como tú, será entonces doblemente exitoso y podrás llegar a conquistar incluso la historia y todo un mercado que está allá afuera esperando por ti.

Entonces la pregunta sería: ¿Qué estás esperando? Ya ingresante a las páginas para comenzar a ganar Bitcoin sin necesidad de invertir más que una pocas horas de tu tiempo? ¿Ya ingresaste a registrarte para crear tuis propias billeteras o monederos de Bitcoin gratuitos en los que puedes tener un espacio para guardar tus Bitcoin sin necesidad de gastar nada? ¿Ya dedicaste tiempo a investigar cuáles son tus mejores opciones una vez que hayas alcanzado una cantidad, por muy mínima que sea, de Bitcoin en las cuales puedes invertir para multiplicar tuis ganancias?

Tal vez no debas pensarlo demasiado, tal vez solo es momento de hacerlo, de actuar, de dejar de penar tanto para convertir tus mejores pensamientos e ideas en hechos concretos. El conocimiento está allí. Las oportunidades también. Y nosotros confiamos en ti, porque sabemos que si te has tomado la molestia y el atrevimiento de llegar hasta este punto y leer este libro y aprender sobre todos esos detalles, es porque de un modo u otro ya estás motivado, y ese es sin duda el primer paso, el más importante de todos.

Así que no lo pienses más, no lo dudes más. Actúa, invierte. Porque sin duda alguna, el Bitcoin es la moneda del futuro, y el fututo es ya.

12

GENERANDO GANANCIAS PASIVAS CON BITCOIN Y OTRAS CRIPTOMONEDAS

C omo te habrás dado cuenta a lo largo del desarrollo del libro, actualmente hay varias maneras de generar dinero con las criptomonedas, hay muchas oportunidades. Mientras que hay algunas que son mas riesgosas (y dependen de tu habilidad) como el trading, las plataformas DeFi, etc, hay otras que son mas recomendadas y menos riesgosas, como por ejemplo realizar Hodl (mantener) de una criptomoneda y esperar que su precio suba, si bien este modelo de ganancia es absolutamente pasivo y especulativo, ya que es una estrategia a largo plazo, tenemos otras estrategias que también podrán ayudarte a generar ingresos pasivos, como lo es la estrategia que te voy a presentar a continuación.

Esta estrategia existe hace muchos años, es muy utilizada por los bancos actualmente, aunque en un mayor porcentaje de ganancia, **esta es generar interés con tus activos.**

En el mundo de las criptomonedas ya existe esta modalidad y esta liderada por una de las empresas mas confiables del ambiente: **BlockFi**, la cual esta amparada por el exchange Gemini y personas tan reconocidas en el ambiente como Anthony Pompliano.

BlockFi nos permite transferir nuestros fondos a la plataforma y generar un interés anual que va del 6% (para criptomonedas como

Bitcoin) o de casi el 10% con stablecoins (que son criptomonedas que están 1 a 1 con el dólar, como lo son el USDT y USDC por nombrar alfgunas)

Si te interesa esta modalidad, puedes abrir una cuenta de **BlockFi** en el siguiente enlace QR y **ganar hasta $250 de Bitcoin gratis escaneando** el siguiente código QR con tu móvil:

ACERCA DEL AUTOR

A modo de concluir con este libro y agradecerte por tomarte el tiempo de leerlo, quería aclarar algunas cosas antes de culminar. Muchas personas han probado incursionar en las Criptomonedas, algunos con éxito otros con resultados moderados, pero todos con resultados en fin, lo importante es que tengas en mente que el mercado de las Criptomonedas es un mercado muy manipulado, es por esto que te recomiendo que siempre prestes atención a los indicadores que puedas ver en TradingView, ve las señales que te envía, continua aprendiendo sobre el trading, si es que te interesa puedes dedicarte a ellos, pero si no puedes dedicarte a hacer HODL (el significado de esto dentro de las Criptomonedas está relacionado con comprar monedas cuando hay una baja importante (por ejemplo si Bitcoin está a $8000 y baja a $6500 ahí es donde compras y vas comprando a medida que baja, nunca cuando sube, a esto se le conoce como Dollar Cost Averaging es una estrategia muy usada) y mantener esas monedas por años hasta que estas dupliquen, tripliquen o cuadrupliquen su valor, como bien lo hicieron aquellos early-yadopters que compraron Bitcoin cuando valía $0,006 centavos de dólar, hicieron HODL por 10 años y cuando Bitcoin alcanzó su máximo histórico de $20,000 dólares vendieron todo y se hicieron millonarios. Pero como siempre, escoge el método que más te guste y síguelo.

Por ultimo me gustaría pedirte que si encontraste en este libro una gran ayuda, me gustaría saber tus comentarios dejándome una review de este libro para poder mejorarlo y continuar brindando grandes libros a ustedes, mis lectores, a los cuales aprecio mucho.

Sin más, me despido
Un abrazo grande
JAVI FONS